교과융합 엔트리로 쉽게 배우는 인공지능

인공지능,
게임을 만나다

홍지연 지음

AI

YoungJin.com Y.
영진닷컴

✦ 교과융합 엔트리로 쉽게 배우는 인공지능 ✦

인공지능, 게임을 만나다

ISBN 978-89-314-6426-9

독자님의 의견을 받습니다.

이 책을 구입한 독자님은 영진닷컴의 가장 중요한 비평가이자 조언가입니다. 저희 책의 장점과 문제점이 무엇인지,
어떤 책이 출판되기를 바라는지, 책을 더욱 알차게 꾸밀 수 있는 아이디어가 있으면 팩스나 이메일, 또는 우편으로
연락주시기 바랍니다. 의견을 주실 때에는 책 제목 및 독자님의 성함과 연락처(전화번호나 이메일)를 꼭 남겨 주시기 바랍
니다. 독자님의 의견에 대해 바로 답변을 드리고, 또 독자님의 의견을 다음 책에 충분히 반영하도록 늘 노력하겠습니다.

주   소 : (우)08507 서울특별시 금천구 가산디지털1로 128 STX-V 타워 4층 401호 (주)영진닷컴 기획1팀
이메일 : support@youngjin.com

파본이나 잘못된 도서는 구입하신 곳에서 교환해 드립니다.

STAFF
저자 홍지연 | **총괄** 김태경 | **기획** 최윤정, 서민지 | **표지 디자인** 김소연 | **내지 디자인·편집** 인주영
영업 박준용, 임용수, 김도현 | **마케팅** 이승희, 김근주, 조민영, 이은정, 김예진, 채승희, 김민지
제작 황장협 | **인쇄** 제이엠

머리말

유년 시절부터 이루어지는 교육은 한 개인과 사회의 인식, 가치관, 관점, 태도 등에 결정적인 영향을 미칩니다. 또한 어느 시대든 교육정책은 미래지향적인 것으로서 미래를 살아갈 인재를 키우는 것이 핵심입니다. 지금, 그리고 미래의 세계는 "인공지능(AI) 시대"라 표현할 수 있습니다. 즉, 인공지능 기술의 발달이 사회, 경제, 문화 전반의 구조적 변화를 이끌어가는 원동력이라는 의미입니다. 특히 지난해부터 이어져 오고 있는 코로나19는 전 세계적으로 다양한 위기를 가져왔지만 한편으로는 각 분야의 디지털화를 가속화하여 빅데이터 축적을 더욱 촉발하였고 이는 결국 AI 도입과 확산을 촉진시키고 있습니다. 이렇게 인공지능이 가져오는 변화의 바람이 교육 역시 크게 흔들고 있습니다. **"인공지능이 학습 도구와 방법, 지식 접근성, 그리고 교사 양성에서 혁명적인 변화를 가져올 것"**이라고 말한 UNESCO 오드레 아줄레 사무총장의 말처럼 우리 교육에 새로운 혁신의 바람이 불고 있는 것이지요.

이러한 시대의 변화에 대비하고 인공지능과 교육의 만남을 보다 체계적으로 정리하기 위해 〈인공지능, 언플러그드를 만나다〉, 〈인공지능, 스크래치를 만나다〉, 〈인공지능, 엔트리를 만나다〉를 출간하였고, 학교 현장과 자녀교육을 고민하는 학부모님들로부터 큰 사랑을 받았습니다. 특히 〈인공지능, 엔트리를 만나다〉 편을 통해 보다 깊게 인공지능 기술을 활용한 소프트웨어, 즉 프로그램을 만들어 볼 수 있도록 함으로써 인공지능 활용 SW교육까지 나아가는 디딤돌을 마련할 수 있었습니다. 이렇게 자칫 어려울 수 있는 인공지능 기술을 활용한 프로그래밍의 기초를 〈인공지능, 엔트리를 만나다〉를 통해 다졌다면, 그 다음은 어떤 교육으로 나아가야 할까요? 무엇보다도 더욱 심화된 내용을 통해 학문의 깊이를 다지고, 주변의 도움 없이도 학생 스스로 학습할 수 있도록 자기주도적 학습력을 키워 주는 것이 필요합니다. 특히 코로나19가 가져온 개별화된 학습 환경과 블렌디드 러닝 환경에서는 학생 스스로 학습을 이끌어 가는 능력이 어느 때보다 중요해졌기 때문입니다.

이에 〈인공지능, 게임을 만나다〉편을 준비하였습니다. 단순히 이미지, 텍스트, 음성 데이터 등을 수집하고, 이를 학습시켜 학습한 모델로 이들을 분류할 수 있는 인공지능 프로그램에서 한 걸음 더 나아갑니다. K-NN 알고리즘을 활용해 원하는 데이터와 가장 가까이에 있는 K개의 데이터를 이웃으로 선정, 이웃 데이터에서 가장 많은 수를 차지하는 클래스로 새로운 데이터의 클래스를 정해 분류하는 인공지능 모델 만들기, 선형회귀 알고리즘을 활용해 수집

한 데이터의 숫자 데이터를 핵심 속성으로 삼아 예측 속성을 찾아내는 인공지능 모델 만들기, 컴퓨터가 스스로 학습해 데이터의 속성이 유사한 것끼리 군집을 만들어내는 인공지능 모델 만들기 등을 경험하도록 구성함으로써 인공지능 학문에 대해 조금 더 깊이 있게 다가갈 수 있도록 한 것입니다.

또한 제목에서 알 수 있듯이 인공지능 프로그램을 만들 때 게임의 요소를 접목해 학생들이 마치 게임을 하듯 인공지능 학습에 스스로 몰입하고, 재미를 느낄 수 있도록 하였습니다. 음성합성 기술을 활용해 받아쓰기 만점왕 프로그램을 직접 만들어 받아쓰기 시험에 도전해 보거나, 동작인식 기술로 태권도의 품새 동작을 배우고 자세가 정확할 때 점수를 얻을 수 있습니다. 구 모양의 사물을 찾아 인식하면 점수를 얻는 사물인식 게임 프로그램에서부터 음성으로 정답을 맞히는 AI 그림 퀴즈 프로그램, 허공에 떠다니는 음식을 얼굴인식을 활용해 입으로 먹는 게임 프로그램까지 학생들이 흥미를 가지고 스스로 프로그램을 끝까지 만들어 가는 데 도움이 될 만한 주제를 선정하였습니다.

인공지능 교육에 있어 비싼 교구나 도구는 필요하지 않습니다. 무료로 소프트웨어 교육을 경험할 수 있는 블록형 프로그래밍 언어인 엔트리를 통해 어렵게만 느껴지는 인공지능 프로그래밍 교육도 아주 쉽고 재미있게 경험할 수 있습니다. 〈인공지능, 엔트리를 만나다〉에서 다진 인공지능 프로그래밍 기초 실력을 바탕으로 〈인공지능, 게임을 만나다〉로 보다 심화된 인공지능 프로그래밍 실력을 키워 보는 것은 어떨까요? 책에서 소개하는 다양한 AI 프로그램을 가족과 함께 또는 친구와 함께 하나씩 따라 하다 보면 어느새 인공지능 프로그래밍 전문가로 성장해 있을 겁니다.

미래 교육은 결코 어렵거나 멀리 있지 않습니다. 놀이로 시작해 다양한 AI 도구로 인공지능 세상을 엿보고, 나아가 엔트리를 통해 인공지능 시대에 필요한 소프트웨어를 만들어 보는 것, 책을 한 장 한 장 스스로 넘겨 가며 더 깊은 배움을 찾아 몰입하고 즐겁게 인공지능에 대한 경험들을 쌓아간다면 우리 학생들이 이 시대의 주인공, 나아가 미래사회를 이끌어 갈 핵심 인재로 자라날 것을 확신합니다. 이 한 권의 책이 그런 미래 인재들의 힘찬 발걸음에 작은 보탬이 되길 오늘 또 희망해 봅니다.

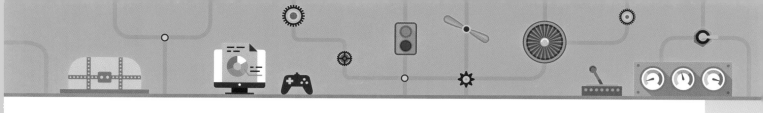

저자 **홍지연**

초등학교 교사
한국교원대학교 대학원 초등 컴퓨터 교육 박사 수료

저서

언플러그드 놀이 시리즈 영진닷컴

즐거운 메이커 놀이 활동 시리즈 영진닷컴

학교 수업이 즐거워지는
엔트리 코딩 영진닷컴

알버트 AI로봇과 함께하는
즐거운 엔트리 코딩 – 카드 코딩 영진닷컴

인공지능을 만나다 시리즈 영진닷컴

- ● WHY? 코딩 워크북 예림당
- ● 코딩과학동화 시리즈 〈팜〉 지하농장, 하늘농장, 우주농장편 길벗
- ● 소프트웨어 수업백과 상상박물관
- ● HELLO! EBS 소프트웨어 EBS 외 다수

인공지능 교육
어떻게 시작할까요?

❶ 초등학교에서도 인공지능 교육이 가능할까요?

가능합니다. 또한 필요하다고 생각합니다. 이미 우리 아이들의 생활 속에 인공지능은 깊숙이 들어와 있습니다. 매일 아침 마주하는 AI 스피커가 인공지능 기술을 바탕으로 만들어졌음을 알고 사용할 때 더 적절하게 사용할 수 있을 뿐 아니라, 어떤 점이 개선되어야 하는지도 생각해 볼 수 있습니다. 단, 여기서 말하는 인공지능 교육은 어른들에게도 어려운 인공지능 학문에 대한 수준 높은 접근을 말하는 것이 아닙니다. 생활 속에 인공지능 기술이 어떻게 녹아 있는지 알고, 세상이 어떻게 변해가고 있는지에 대한 민감성과 미래 사회에 대한 통찰을 키워갈 수 있는 소양을 가질 수 있도록 하는 인공지능 교육을 의미합니다.

❷ 인공지능 책을 시리즈로 만든 이유는 무엇인가요?

〈인공지능, 언플러그드를 만나다〉는 인공지능 교육을 처음 접하는 학생들 또는 어린 학습자들을 위한 입문서라고 할 수 있습니다. 놀이를 통해 인공지능의 개념과 원리에 접근하기 때문에 누구나 쉽게 즐기며 학습할 수 있습니다. 하지만 놀이가 놀이로서 끝나면 그 교육적 효과가 지속되기 어렵습니다. 놀이에서 배운 다양한 개념과 원리를 직접 체험해 볼 수 있는 그다음 단계의 교육이 필요합니다. 그래서 다양한 AI 학습 도구를 활용한 〈인공지능, 스크래치를 만나다〉를 통해 보다 넓고 다양한 인공지능의 세계를 경험할 수 있도록 시리즈 책을 기획하였습니다. 그리고 그다음 편인 〈인공지능, 엔트리를 만나다〉에서는 보다 깊게 인공지능 기술을 활용한 프로그램을 만들어 볼 수 있도록 함으로써 인공지능 활용 SW 교육까지 나아갑니다. 인공지능이 어떻게 학습하는지 비교적 쉽게 접근 가능한 지도학습의 원리를 활용해 모델을 만들고 그 모델을 활용한 프로그래밍 경험은 이전에 없던 새로운 인공지능의 세계로의 확장을 보여 줍니다. 하지만 여기서 끝이 아닙니다. 데이터의 경향성을 파악해 의사결정에 필요한 예측과 클러스터링이 가능한 단계의 모델을 만들어 보는 것, 보다 높은 수준의 인공지능 기술을 활용한 프로그래밍 교육 또한 필요하다고 판단하였습니다. 우리가 이렇게 인공지능 교육을 하는 이유가 결국 실생활에서 부딪히는 다양한 문제를 해결하는 데 도움을 받기 위해서이며, 인공지능의 기술은 그런 문제를 해결하는 데 필요한 의사결정에 결정적인 역할을 할 수 있기 때문입니다. 인공지능 기술을 활용한 프로그래밍이 프로그래밍 교육을 넘어 실생활에서 문제 해결의 코어로 작용함을 어린 시절부터 아는 것은 매우 중요한 명제입니다. 이를 위해 〈인공지능, 게임을 만나다〉는 다소 어려울 수 있는 한 단계 높은 수준의 인공지능 활용 SW 교육을 담되, 학생들이 어

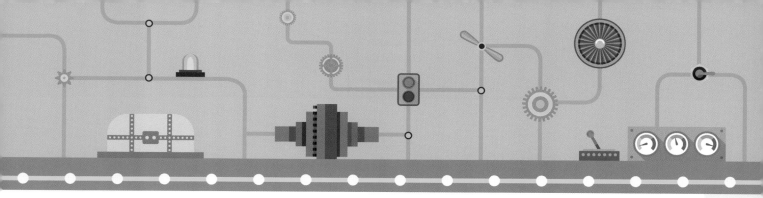

려움을 덜 느끼도록 인공지능에 게임의 요소를 더했습니다. 재미있는 놀이로 시작한 인공지능 교육이 다양한 체험과 경험을 거쳐 자신만의 인공지능 프로그램을 만드는 데까지 나아갈 수 있도록 각 단계에 필요한 교육을 각각의 책으로 묶게 된 것입니다.

❸ 미래 사회에 대비한 교육 환경을 만들어 주세요!

AI, 빅데이터, IoT, 로봇, 3D 프린터 등 4차 산업혁명 시대의 최첨단 기술의 발전은 우리의 일상생활은 물론 사회, 문화, 정치, 경제, 교육 등 모든 것을 바꿔 놓고 있습니다. 이렇게 급변하는 시대에 우리 아이들이 갖춰야 할 사고력 중 하나가 바로 컴퓨팅 사고력이며, 이 책에서 말하고자 하는 인공지능 소양 역시 우리 아이들을 미래의 인재로 키워 주는 역량이라 말할 수 있습니다. 하지만 이런 미래 사회에 대비한 교육이라고 해서 굉장히 대단한 무언가가 있는 것이 아닙니다. 미래 교육은 말 그대로 우리 아이들이 스스로 생각할 수 있는, 그래서 무엇인가 자신만의 새로운 것을 만들 수 있는 능력을 키우는 교육입니다. 따라서 우리 아이들의 생활이 곧 교육이고, 환경이 곧 역량이 됩니다. 손 닿을 곳에 항상 책을 가까이 두는 것. 무엇이라도 스스로 만들어 볼 수 있는 공간이 있도록 하는 것. 모르는 것이 있을 때 즉시 주변의 도움 또는 컴퓨터의 도움을 받아 지식을 습득할 수 있도록 하는 것. 아이의 상상력을 끊임없이 지지해 주는 것... 바로 이런 노력, 이런 환경이 필요합니다. 여기에 한발 더 나아가기 위해 체계적으로 공부할 수 있는 소프트웨어 교육이나 인공지능 교육 관련 책 한 권 선물해 보면 어떨까요? 이런 작은 출발에서부터 시작해 보세요.

❹ 이것만은 주의해 주세요!

여기에 소개된 인공지능 프로그램을 따라 하는 것만으로도 인공지능이 어떤 원리에 의해 학습하는지, 우리 생활에 어떤 영향을 미칠 수 있는지 생각해 볼 수 있습니다. 하지만 단순히 따라 하기만 하고 끝내기보다 나만의 아이디어를 더해 새로운 프로그램으로 만들어 보려는 노력이 필요합니다. 자신의 생각을 만들고, 그 생각을 현실로 만들기 위해 코드를 수정하는 과정에서 문제해결력은 물론 창의적 사고력 또한 키울 수 있는 것입니다. 따라서 각 챕터마다 제시된 기본 프로그램을 다 완성한 후에는 반드시 앞에서 따라 하며 알게 된 기능들을 활용해 자신만의 새로운 인공지능 프로그램을 탄생시켜 보도록 합니다.

❺ 혼자서도 할 수 있는 인공지능 교육 정보

이숲 https://www.ebssw.kr/

이숲은 EBS SW 교육 플랫폼(EBS Software Learning Platform)의 약자로 SW에 관심 있는 분들이라면 누구나 시간과 장소에 구애 받지 않고 수준별 맞춤형 자기주도 학습을 할 수 있도록 지원하는 전국민 무료 SW 교육 온라인 플랫폼입니다. 최근에는 인공지능과 관련된 다양한 강좌가 개설되어 서비스되고 있습니다. 인공지능에 대해 기초부터 차근차근 배워 보고 싶다면 이숲에서 원하는 강좌를 수강신청해 보는 것도 좋습니다.

클래스팅 AI https://edtech.classting.com/

클래스팅 AI는 교육 빅데이터와 인공지능 기술로 개별화 교육을 구현할 수 있도록 도와주는 서비스입니다. 데이터 분석을 통한 맞춤형 진단평가, 교사용 학습 결과 리포트 제공, 핵심 개념별 동영상 보충 학습, 매일 업데이트되는 오늘의 AI 추천 문제 등 원격수업의 중요성이 대두되고 있는 요즘 학교에서 또는 개별로 서비스 받을 수 있습니다.

지니블록 https://genieblock.kt.co.kr/

지니 블록은 '인공 지능', '사물 인터넷', '빅데이터' 등 세상의 기술들을 쉽게 학습하고 구현할 수 있는 소프트웨어 코딩 교육 플랫폼입니다. 특히 내 아이디어를 블록 코딩하여 설계하고 AI MAKERS KIT를 사용하여 실제 환경에서 대화하고 동작을 구현할 수 있어 최첨단 기술을 손쉽게 체험해 볼 수 있습니다.

목차

엔트리의 읽어주기 기능을 활용해 받아쓰기 문제를 풀고, 맞힌 개수만큼 점수를 얻을 수 있는 AI 받아쓰기 만점왕 게임 프로그램을 만들어요.

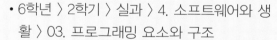
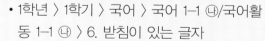

수업 길잡이

난이도 ★★★★☆
소요시간 30분 이상
학습영역 인공지능의
원리와 활용
준비물 PC 또는 노트북,
사이트 주소 알기
(https://playentry.org/)

AI 프로그래밍을 준비해요!

활동 목표

엔트리의 읽어주기를 활용한 AI 받아쓰기 게임 프로그램 만들기

활동 약속

잘 듣고 받아쓰기 문제 풀기

관련 교과를 확인해요!

관련 교과 및 단원

• 6학년 〉 2학기 〉 실과 〉 4. 소프트웨어와 생활 〉 03. 프로그래밍 요소와 구조
• 1학년 〉 1학기 〉 국어 〉 국어 1-1 ㉯/국어활동 1-1 ㉯ 〉 6. 받침이 있는 글자

이 게임은

음성 합성

이 활동은 엔트리의 읽어주기 기능을 활용해 받아쓰기 문제를 풀고 맞힌 개수만큼 점수를 얻는 AI 게임 프로그램입니다. 인공지능의 음성 합성 기술을 활용해 원하는 텍스트를 읽어 주고, 받아쓰기 게임의 결과를 음성으로 알려 주는 프로그램을 만들 수 있습니다.

❶ 〈인공지능〉 카테고리를 클릭한 후 [인공지능 블록 불러오기] 버튼을 누릅니다.

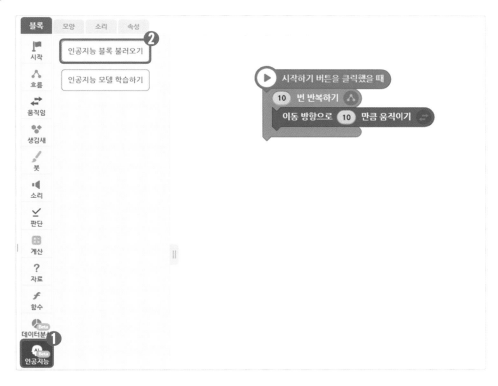

❷ 인공지능 블록에는 번역, 비디오 감지, 오디오 감지, 읽어주기가 있습니다.

❶ 번역 : 파파고를 이용하여 다른 언어로 번역할 수 있는 블록 모음입니다.

❷ 비디오 감지 : 카메라를 이용하여 사람(신체), 얼굴, 사물 등을 인식하는 블록 모음입니다.

❸ 오디오 감지 : 마이크를 이용하여 소리와 음성을 감지할 수 있는 블록 모음입니다.

❹ 읽어주기 : nVoice 음성합성 기술로 다양한 목소리로 문장을 읽는 블록 모음입니다.

③ 〈읽어주기〉를 선택한 후 [추가] 버튼을 클릭합니다.

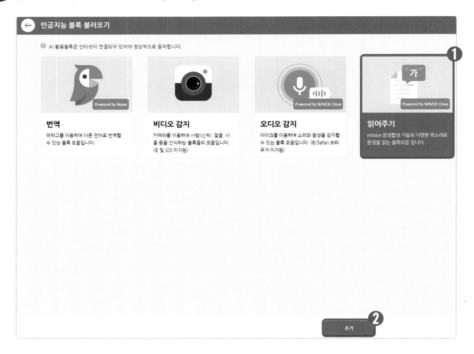

④ 기본 오브젝트인 '엔트리봇'은 삭제하고, 오브젝트 추가하기를 눌러 '칠판'을 추가합니다.

❺ 추가한 '칠판' 오브젝트의 크기를 실행 화면 창 크기만큼 크게 합니다.

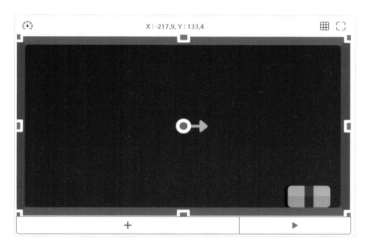

❻ 이번에는 글상자 오브젝트를 추가합니다.

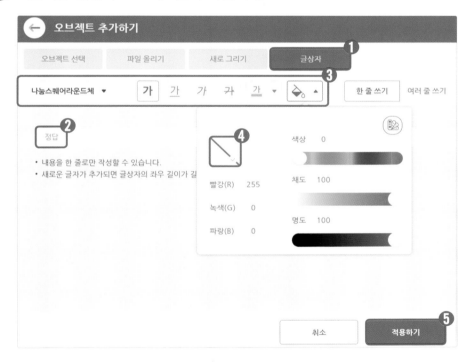

❶ 오브젝트 추가하기에서 글상자를 선택합니다.

❷ "정답"을 입력합니다.

❸ 글꼴을 다양하게 설정할 수 있고, 진하게 하거나 밑줄 긋기, 글상자 채우기 등 여러 가지 효과를
   줄 수 있습니다.

❹ 글상자 오브젝트의 채우기 색은 없음으로 해 줍니다.

❺ [적용하기] 버튼을 누릅니다.

❼ '정답' 글상자 오브젝트 외 3개의 글상자 오브젝트를 더 추가합니다.

❶ '제출한 답' 글상자 오브젝트는 글자색은 하늘색, 진하게, 채우기 색 없음 등으로 효과를 주고, 원하는 글꼴을 지정합니다. 예시 글꼴은 나눔스퀘어라운드체입니다.

❷ '받아쓰기 게임을 시작 함니다.' 글상자 오브젝트는 글자색은 흰색, 채우기 색 없음 등으로 효과를 주고, 원하는 글꼴을 지정합니다. 예시 글꼴은 산돌 초록우산 어린이입니다. 이 오브젝트의 경우 일부러 맞춤법을 틀리게 하였습니다.

❸ '받아쓰기 게임을 시작합니다.' 글상자 오브젝트는 글자색은 흰색, 채우기 색 없음 등으로 효과를 주고, 원하는 글꼴을 지정합니다. 예시 글꼴은 디자인하우스체입니다.

❹ 글상자를 모두 추가했으면 예시처럼 위치를 정합니다.

⑧ 코드 작성에 필요한 변수와 신호를 추가합니다.

❶ 속성 탭을 선택합니다.

❷ 변수, 신호, 리스트, 함수 중 [변수]를 선택합니다.

❸ [변수 추가하기]를 클릭합니다.

❹ 변수의 이름을 "문제 번호"와 "점수"로 정하고, 문제 번호는 화면에 보이지 않게 눈을 감은 모양으로, 점수는 보이도록 눈을 뜬 모양으로 정합니다.

❺ 이번에는 [신호]를 선택합니다.

❻ [신호 추가하기]를 클릭합니다.

❼ "정답 확인"과 "문제 출제" 신호를 만들어 줍니다.

❾ '받아쓰기 게임을 시작 합니다' 글상자 오브젝트를 선택한 상태에서 리스트를 추가하고 다음과 같이 코드를 작성합니다.

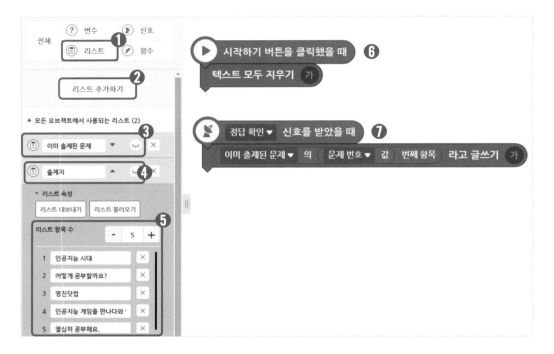

❶ 속성 탭의 변수, 신호, 리스트, 함수 중 [리스트]를 선택합니다.

❷ [리스트 추가하기]를 클릭합니다.

❸ 리스트의 이름을 "이미 출제된 문제"로 정하고, 보이지 않도록 눈 감은 모양을 클릭합니다.

❹ 같은 방법으로 "출제지" 리스트를 1개 더 추가합니다.

❺ "출제지" 리스트를 클릭한 상태에서 리스트 항목 수의 [+] 버튼을 눌러 5개의 리스트 항목을 추가합니다. 리스트 항목 1에는 "인공지능 시대"를, 리스트 항목 2에는 "어떻게 공부할까요?"를, 리스트 항목 3에는 "영진닷컴"을, 리스트 항목 4에는 "인공지능 게임을 만나다와 함께"를, 리스트 항목 5에는 "열심히 공부해요."를 각각 입력합니다.

❻ '받아쓰기 게임을 시작 합니다' 글상자 오브젝트를 계속 선택한 상태에서 코드를 추가합니다. 〈시작〉의 [시작하기 버튼을 클릭했을 때] 블록을 가져온 뒤 〈글상자〉의 [텍스트 모두 지우기] 블록을 연결합니다.

❼ 〈시작〉의 [(정답 확인) 신호를 받았을 때] 블록 아래에 〈글상자〉의 [(엔트리)라고 글쓰기] 블록을 연결하고 (엔트리) 대신 〈자료〉의 [(이미 출제된 문제)의 (1)번째 항목] 블록을 넣어 줍니다. 그리고 (1) 대신 〈자료〉의 [(문제 번호)값] 블록을 넣습니다.

⑩ '받아쓰기 게임을 시작합니다' 글상자 오브젝트를 선택한 상태에서 코드를 작성합니다.

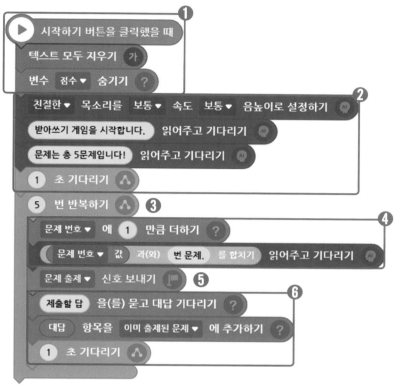

❶ 〈시작〉의 [시작하기 버튼을 클릭했을 때] 블록 아래에 〈글상자〉의 [텍스트 모두 지우기] 블록과 〈자료〉의 [변수 (점수) 숨기기] 블록을 연결합니다.

❷ 〈인공지능〉-〈읽어주기〉의 [(친절한) 목소리를 (보통) 속도 (보통) 음높이로 설정하기] 블록을 연결하고, 〈인공지능〉-〈읽어주기〉의 [(엔트리) 읽어주고 기다리기] 블록을 2개 가져옵니다. (엔트리)에 (받아쓰기 게임을 시작합니다.)와 (문제는 총 5문제입니다!)를 각각 입력합니다. 약간의 딜레이 시간을 주기 위해 〈흐름〉의 [(2)초 기다리기] 블록을 가져온 뒤 (2) 대신 (1)을 입력합니다.

❸ 총 5문제를 내야 하므로 〈흐름〉의 [(10)번 반복하기] 블록을 가져온 뒤 (10) 대신 (5)를 입력합니다.

❹ [(5)번 반복하기] 블록 속에 〈자료〉의 [(문제 번호)에 (10)만큼 더하기] 블록을 넣고, (10) 대신 (1)로 바꿔 줍니다. 이어서 〈인공지능〉-〈읽어주기〉의 [(엔트리) 읽어주고 기다리기] 블록을 가져온 뒤 (엔트리) 대신 〈계산〉의 [(안녕!)과 (엔트리)를 합치기] 블록을 넣습니다. (안녕!) 대신에 〈자료〉의 [(문제 번호)값] 블록을 넣고, (엔트리) 대신 (번 문제.)를 입력합니다.

❺ 문제를 출제하기 위해 〈시작〉의 [(문제 출제) 신호 보내기] 블록을 연결해 줍니다.

❻ 〈자료〉의 [(안녕!)을 묻고 대답 기다리기] 블록을 연결한 뒤 (안녕!) 대신에 (제출할 답)이라고 입력합니다. 그리고 〈자료〉의 [(10) 항목을 (이미 출제된 문제)에 추가하기] 블록을 연결하고 (10) 대신 〈자료〉의 [대답] 블록을 넣어 줍니다. 약간의 딜레이 시간을 주기 위해 〈흐름〉의 [(2)초 기다리기] 블록을 가져온 뒤 (2) 대신 (1)을 입력합니다.

11 계속해서 코드를 연결합니다.

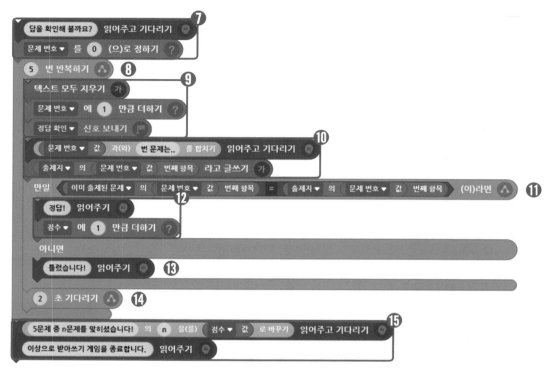

7 〈인공지능〉–〈읽어주기〉의 [(엔트리) 읽어주고 기다리기] 블록을 가져온 뒤 (엔트리) 대신에 (답을 확인해 볼까요?)를 입력합니다. 그리고 〈자료〉의 [(문제 번호)를 (10)으로 정하기] 블록을 가져와 (10) 대신 (0)을 입력합니다.

8 제출된 5개의 답이 맞았는지, 틀렸는지 확인하기 위해 〈흐름〉의 [(10)번 반복하기] 블록을 연결하고, (10) 대신 (5)를 입력합니다.

9 [(5)번 반복하기] 블록 속에 〈글상자〉의 [텍스트 모두 지우기] 블록을 넣고, 〈자료〉의 [(문제 번호)에 (10)만큼 더하기] 블록을 연결합니다. (10) 대신 (1)로 수정하고 〈시작〉의 [(정답 확인) 신호 보내기] 블록을 연결합니다.

10 〈인공지능〉–〈읽어주기〉의 [(엔트리) 읽어주고 기다리기] 블록을 가져와 (엔트리) 대신에 〈계산〉의 [(안녕!)과 (엔트리)를 합치기] 블록을 넣어 줍니다. 그리고 (안녕!) 대신에 〈자료〉의 [(문제 번호)값] 블록을 넣고, (엔트리) 대신에 (번 문제는..)을 입력합니다. 그 아래에 〈글상자〉의 [(엔트리)라고 글쓰기] 블록을 연결하고, (엔트리) 대신 〈자료〉의 [(출제지)의 (1)번째 항목] 블록을 넣은 뒤 (1) 대신 〈자료〉의 [(문제 번호)값] 블록을 넣습니다.

11 제출한 대답값이 정답인지 확인하기 위해 〈흐름〉의 [만일 (참)이라면, 아니면] 블록을 연결하고 (참) 속에 〈판단〉의 [(10)=(10)] 블록을 넣습니다. 왼쪽 (10)에는 〈자료〉의 [(이미 출제된 문제)의 (1)번째 항목]을 가져온 뒤 (1) 대신 〈자료〉의 [(문제 번호)값] 블록을 넣어 줍니다. 오른쪽 (10)에는 〈자료〉의 [(출제지)의 (1)번째 항목]을 가져온 뒤 (1) 대신 〈자료〉의 [(문제 번호)값] 블록을 넣어 줍니다.

❷ 조건이 참일 경우, 즉 받아쓰기를 잘한 경우 〈인공지능〉–〈읽어주기〉의 [(엔트리) 읽어주기] 블록을 가져와 (엔트리) 대신 (정답!)을 입력합니다. 이어서 〈자료〉의 [(점수)에 (10)만큼 더하기] 블록을 연결하고 (10) 대신에 (1)을 입력합니다.

❸ 조건이 참이 아닌 경우, 즉 받아쓰기를 잘못한 경우 〈인공지능〉–〈읽어주기〉의 [(엔트리) 읽어주기] 블록을 가져와 (엔트리) 대신 (틀렸습니다!)를 입력합니다.

❹ 약간의 딜레이 시간을 주기 위해 〈흐름〉의 [(2)초 기다리기] 블록을 가져와 조건 블록 바깥에 연결합니다.

❺ 〈인공지능〉–〈읽어주기〉의 [(엔트리) 읽어주고 기다리기] 블록을 가져와 [(5)번 반복하기] 블록 밖에 연결하고, (엔트리) 대신 〈계산〉의 [(안녕 엔트리!)의 (안녕)을 (반가워)로 바꾸기] 블록을 넣습니다. (안녕 엔트리!) 대신에 (5문제 중 n문제를 맞히셨습니다!)를, (안녕) 대신에 (n)을 입력하고, (반가워) 대신에 〈자료〉의 [(점수)값] 블록을 넣습니다. 그리고 〈인공지능〉–〈읽어주기〉의 [(엔트리) 읽어주기] 블록을 가져온 뒤 (엔트리) 대신 (이상으로 받아쓰기 게임을 종료합니다.)를 입력합니다.

⓬ '받아쓰기 게임을 시작합니다' 글상자 오브젝트를 선택한 상태에서 계속해서 코드를 추가합니다.

❶ 〈시작〉의 [(문제 출제) 신호를 받았을 때] 블록 아래에 〈흐름〉의 [(10)번 반복하기] 블록을 연결하고 (10) 대신 (2)를 입력합니다.

❷ [(2)번 반복하기] 속에 〈인공지능〉–〈읽어주기〉의 [(엔트리) 읽어주고 기다리기] 블록을 넣습니다. (엔트리) 대신 〈자료〉의 [(출제지)의 (1)번째 항목] 블록을 넣은 뒤 (1)을 〈자료〉의 [(문제 번호)값] 블록으로 바꿔 줍니다. 이어서 〈흐름〉의 [(2)초 기다리기] 블록을 연결하고 (2) 대신 (1.5)를 입력합니다.

⑬ 프로그램이 완성되었다면 [시작하기] 버튼을 눌러서 받아쓰기 게임을 실행해 봅니다.

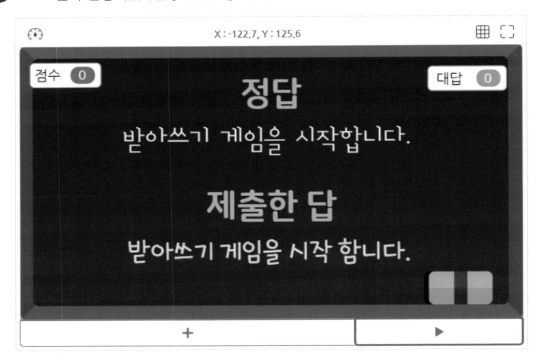

받아쓰기 만점왕에 도전하고,
프로그램이 잘 실행되지 않는다면
완성된 작품을 참고해요!

http://naver.me/F4Na4Onc

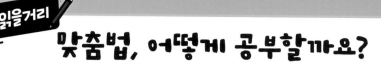

읽을거리
맞춤법, 어떻게 공부할까요?

　매일 사용하는 한글인데도 맞춤법이 헷갈릴 때가 있습니다. '틈틈이'와 '틈틈히' 중 무엇이 맞는 표현일까요? 정답은 '틈틈이'지만, '틈틈히'라고 잘못 알고 있는 사람들이 많습니다. 이렇게 헷갈리는 맞춤법을 어떻게 공부하면 좋을까요? 한글을 배운 지 얼마 되지 않은 초등학교 저학년 학생들은 주로 받아쓰기 시험으로 맞춤법 공부를 합니다. 그런데 내가 쓴 문장의 맞춤법이 제대로 작성되었는지 인공지능이 판단해 잘못된 부분을 알려 준다면 얼마나 좋을까요? 부산대학교 인공지능 연구실에서 만든 〈한국어 맞춤법/문법 검사기(http://speller.cs.pusan.ac.kr/)〉는 문장을 입력하고 검사하기를 누르면 헷갈렸던 문장 표현과 맞춤법을 꼼꼼하게 확인할 수 있다고 합니다.

　또한, 우리가 인공지능의 음성 합성 기술을 이용해 만든 '받아쓰기 만점왕' 프로그램은 자신이 작성한 문장이나 낱말의 맞춤법이 정답인지 아닌지를 확인해 줌으로써 재미있게 맞춤법 공부를 할 수 있도록 도와줍니다. 예시 프로그램에는 5문제밖에 없지만, 여러분이 원하는 문제를 추가로 만들고, 친구들이 문제를 풀어 보도록 함으로써 나의 받아쓰기 실력은 물론 프로그래밍 능력 또한 키워 보면 어떨까요?

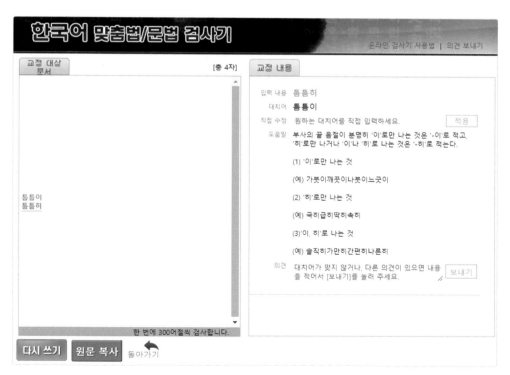

이미지 출처 http://speller.cs.pusan.ac.kr/

체육 게임

홈트가 필요해!

엔트리의 동작 인식 기술을 활용해 태권도의 품새를 인식하고 바르게 동작했을 때 점수를 얻을 수 있는 AI 홈트 게임 프로그램을 만들어요.

수업 길잡이

난이도 ★★★★☆
소요시간 30분 이상
학습영역 인공지능의 원리와 활용
준비물 PC 또는 노트북, 사이트 주소 알기 (https://playentry.org/)

AI 프로그래밍을 준비해요!

활동 목표

엔트리의 동작 인식을 이해하고 AI 홈트 게임 프로그램 만들기

활동 약속

제시된 동작을 정확하게 표현하기

관련 교과를 확인해요!

관련 교과 및 단원

• 6학년 〉 2학기 〉 실과 〉 4. 소프트웨어와 생활 〉 03. 프로그래밍 요소와 구조
• 4학년 〉 1학기 〉 체육 〉 2. 도전 〉 04. 태권도로 바른 몸과 마음을 길러요.

이 게임은

이 활동은 엔트리의 동작 인식 기술을 활용해 사람의 손목, 얼굴 등의 위치를 파악해 태권도의 품새 동작을 바르게 취하고 있는지 확인하는 AI 게임 프로그래밍 활동입니다. 이를 통해 인공지능의 동작 인식 기술을 활용해 우리 생활에 도움을 주는 프로그램을 만들 수 있음을 알 수 있습니다.

❶ 〈인공지능〉 카테고리를 클릭하고 [인공지능 블록 불러오기] 버튼을 누릅니다.

❷ 〈비디오 감지〉와 〈읽어주기〉를 선택한 후 [추가] 버튼을 클릭합니다.

❸ 화면 가운데(0, 0)에 있던 기본 오브젝트인 '엔트리봇'의 위치를 왼쪽 아래(−200, −80)로 이동시킨 뒤 크기를 조금 작게(100→70) 만들어 줍니다. 그리고 '엔트리봇' 오브젝트에 있는 기본 코드는 삭제합니다.

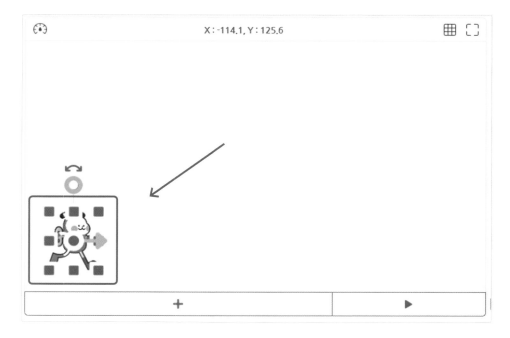

❹ 오브젝트 추가하기를 눌러 파일 올리기 탭을 선택한 후 아래에 있는 [파일 올리기]를 한 번 더 클릭합니다.

❺ 이미지 파일을 업로드할 수 있는 팝업 창이 뜨면 영진닷컴 홈페이지(https://www.youngjin.com/reader/pds/pds.asp)에서 다운로드한 태권도 동작 이미지 중 '이미지 001'을 선택하고, [열기]를 클릭합니다. 그리고 [추가] 버튼을 눌러 '이미지 001'을 화면에 추가합니다.

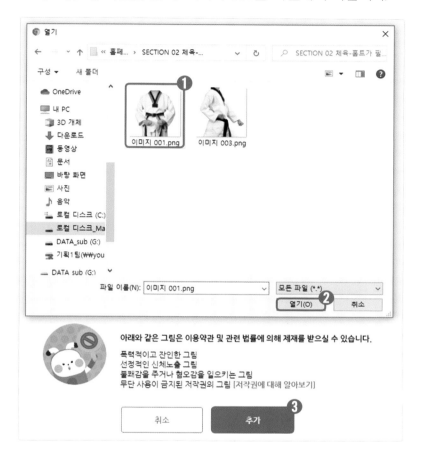

❻ 추가된 태권도 동작 '이미지 001' 오브젝트의 크기를 100에서 245로 크게 만들어 줍니다.

❼ '엔트리봇' 오브젝트를 선택한 상태에서 다음과 같이 코드를 작성합니다.

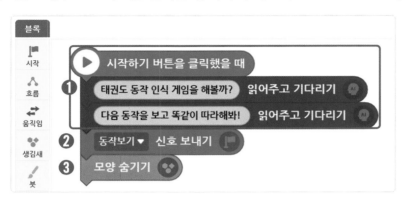

❶ 〈시작〉의 [시작하기 버튼을 클릭했을 때] 블록 아래에 〈인공지능〉-〈읽어주기〉의 [(엔트리) 읽어주고 기다리기] 블록 2개를 연결한 후 (엔트리) 대신에 (태권도 동작 인식 게임을 해볼까?)와 (다음 동작을 보고 똑같이 따라해봐!)를 입력합니다.

❷ 속성 탭에서 [신호]를 선택한 상태에서 [신호 추가하기]를 클릭한 후 "동작보기" 신호를 만듭니다. 그리고 블록 탭의 〈시작〉에서 [(동작보기) 신호 보내기] 블록을 가져와 연결해 줍니다.

❸ 그 아래에 〈생김새〉의 [모양 숨기기] 블록을 연결합니다.

❽ 추가한 태권도 동작 '이미지 001' 오브젝트를 선택한 상태에서 〈시작〉의 [시작하기 버튼을 클릭했을 때] 블록을 가져오고, 그 아래에 〈생김새〉의 [모양 숨기기] 블록을 연결해 줍니다.

❾ 태권도 동작 '이미지 001' 오브젝트를 선택한 상태에서 코드를 계속해서 작성합니다.

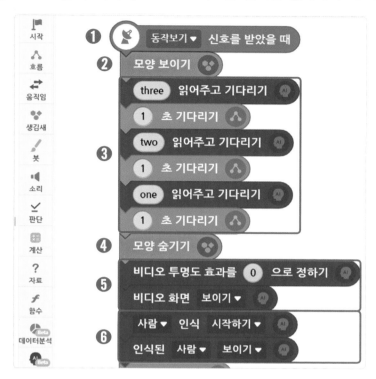

❶ 〈시작〉의 [(동작보기) 신호를 받았을 때] 블록을 가져옵니다.

❷ 〈생김새〉의 [모양 보이기] 블록을 가져와 아래에 연결해 줍니다.

❸ 태권도 동작 이미지를 자세히 보고 따라 하려면 준비할 시간이 필요하므로 3, 2, 1을 외쳐 주어야
합니다. 따라서 〈인공지능〉-〈읽어주기〉의 [(엔트리) 읽어주고 기다리기] 블록과 〈흐름〉의 [(2)초 기다
리기] 블록을 번갈아 가며 3개씩 넣어 주고, (엔트리) 대신에 (three), (two), (one)이라고 입력합니다.
그리고 (2) 대신 (1)을 입력합니다.

❹ 〈생김새〉의 [모양 숨기기] 블록을 가져와 아래에 연결해 줍니다.

❺ 〈인공지능〉-〈비디오 감지〉의 [비디오 투명도 효과를 (0)으로 정하기]와 [비디오 화면 (보이기)] 블록
을 차례대로 연결해 카메라가 비추는 곳이 실행 화면에 나타나게 합니다.

❻ 사람의 동작을 인식하기 위해 〈인공지능〉-〈비디오 감지〉의 [(사람) 인식 (시작하기)]와 [인식된 (사
람) (보이기)] 블록을 차례대로 연결합니다.

⑩ 계속해서 코드를 작성합니다.

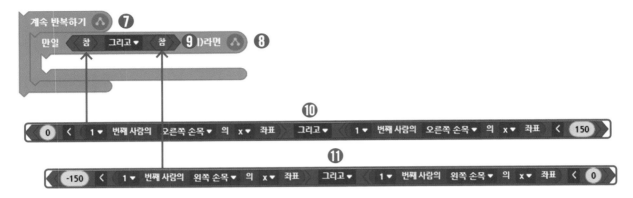

❼ 〈흐름〉의 [계속 반복하기] 블록을 가져와 연결합니다.

❽ [계속 반복하기] 블록 속에 〈흐름〉의 [만일 (참)이라면] 블록을 넣습니다.

❾ [만일 (참)이라면] 블록의 (참) 자리에 〈판단〉의 [(참) 그리고 (참)] 블록을 넣습니다. 그리고 각각의 (참) 자리에 넣을 블록을 다음 설명에 따라 만들어 줍니다.

❿ ❾번 블록의 왼쪽 (참) 자리에 〈판단〉의 [(참) 그리고 (참)] 블록을 넣은 뒤 각각의 (참) 자리에 〈판단〉의 [(10)<(10)] 블록을 넣습니다. 왼쪽 [(10)<(10)] 블록에서 첫 번째 (10) 대신 (0)을 입력하고, 두 번째 (10) 대신 〈인공지능〉-〈비디오 감지〉의 [(1)번째 사람의 (오른쪽 손목)의 (x) 좌표] 블록을 넣습니다. 이어서 오른쪽 [(10)<(10)] 블록에서는 첫 번째 (10) 대신 〈인공지능〉-〈비디오 감지〉의 [(1)번째 사람의 (오른쪽 손목)의 (x) 좌표] 블록을 넣고, 두 번째 (10) 대신 (150)을 입력합니다.

⑪ ❾번 블록의 오른쪽 (참) 자리에 다시 〈판단〉의 [(참) 그리고 (참)] 블록을 넣은 뒤 각각의 (참) 자리에 〈판단〉의 [(10)<(10)] 블록을 넣습니다. 왼쪽 [(10)<(10)]에서 첫 번째 (10) 대신 (−150)을 입력하고, 두 번째 (10) 대신 〈인공지능〉-〈비디오 감지〉의 [(1)번째 사람의 (왼쪽 손목)의 (x) 좌표] 블록을 넣습니다. 이어서 오른쪽 [(10)<(10)] 블록에서는 첫 번째 (10) 대신 〈인공지능〉-〈비디오 감지〉의 [(1)번째 사람의 (왼쪽 손목)의 (x) 좌표] 블록을 넣고, 두 번째 (10) 대신 (0)을 입력합니다.

TiP **내 몸에 맞게 좌푯값을 수정해요!**

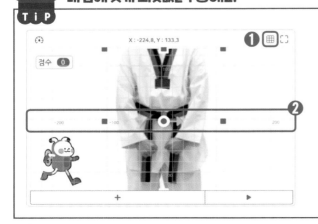

사람마다 키, 팔의 길이 등이 다르므로 좌푯값은 알맞게 수정해야 해요. 실행 화면의 우측 격자무늬 버튼을 누르면 x 좌푯값을 쉽게 확인할 수 있어요.

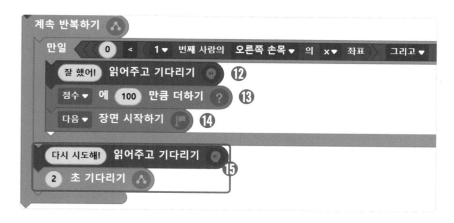

⑫ 조건을 만족했을 때 잘했다고 말해 주기 위해 〈인공지능〉-〈읽어주기〉의 [(엔트리) 읽어주고 기다리기] 블록을 연결하고, (엔트리) 대신에 (잘 했어!)를 입력합니다.

⑬ "점수" 변수를 만들어 주기 위해 속성 탭에서 [변수]를 선택한 상태에서 [변수 추가하기]를 클릭합니다. "점수"라는 이름의 변수를 추가하고 나면 블록 탭의 〈자료〉 카테고리에서 [(점수)에 (10)만큼 더하기] 블록을 찾을 수 있습니다. 이 블록을 가져온 뒤 (10) 대신 (100)을 입력합니다.

⑭ 〈시작〉의 [(다음) 장면 시작하기] 블록을 연결해 다음 태권도 동작으로 넘어가도록 합니다.

⑮ 만약 조건을 만족하지 못했다면 다시 시도할 수 있도록 〈인공지능〉-〈읽어주기〉의 [(엔트리) 읽어주고 기다리기]를 가져와 연결하고, (엔트리) 대신 (다시 시도해!)를 입력합니다. 그리고 약간의 딜레이 시간을 주기 위해 〈흐름〉의 [(2)초 기다리기] 블록을 연결해 줍니다.

⓫ 완성한 장면1에서 마우스 오른쪽 버튼을 눌러 복제합니다. 복제한 장면1의 이름을 장면2로 바꾸어
줍니다.

⓬ 장면1과 동일한 장면2의 태권도 동작 '이미지 001' 오브젝트를 삭제하고, 오브젝트 추가하기를 눌러
파일 올리기 탭의 [파일 올리기]를 클릭합니다.

⑬ 영진닷컴 홈페이지에서 다운로드한 태권도 동작 이미지 중 '이미지 003'을 선택하고, [열기]를 클릭합니다. 그리고 [추가] 버튼을 눌러 '이미지 003'을 화면에 추가합니다.

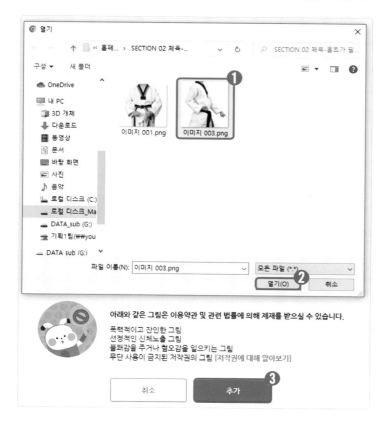

⑭ 장면 2의 '엔트리봇' 오브젝트를 선택한 후 기존 코드는 삭제하고 다음과 같이 코드를 작성합니다.

❶ 〈시작〉의 [장면이 시작되었을 때] 블록을 가져옵니다.

❷ 〈인공지능〉–〈비디오 감지〉의 [(사람) 인식 (중지하기)]와 [인식된 (사람) (숨기기)], [비디오 화면 (숨기기)] 블록을 차례로 연결해 줍니다.

❸ 〈인공지능〉–〈읽어주기〉의 [(엔트리) 읽어주고 기다리기] 블록을 차례로 2개 가져와 연결하고 (엔트리) 대신에 각각 (두 번째 동작이야.), (다음 동작을 보고 똑같이 따라해봐!)를 입력해 줍니다.

❹ 속성 탭에서 "동작보기1" 신호를 추가하고, 〈시작〉의 [(동작보기1) 신호 보내기] 블록을 연결합니다.

❺ 〈생김새〉의 [모양 숨기기] 블록을 연결해 줍니다.

⑮ 장면 2에 새로 추가한 태권도 동작 '이미지 003' 오브젝트를 선택합니다. 그리고 〈시작〉의 [장면이 시작되었을 때] 블록을 가져온 후 〈생김새〉의 [모양 숨기기] 블록을 연결합니다.

⓰ 계속해서 태권도 동작 '이미지 003' 오브젝트에 코드를 추가합니다.

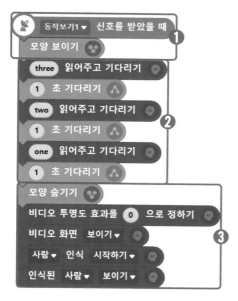

❶ 〈시작〉의 [(동작보기1) 신호를 받았을 때] 블록 아래에 〈생김새〉의 [모양 보이기] 블록을 가져와 연결합니다.

❷ 〈인공지능〉-〈읽어주기〉의 [(엔트리) 읽어주고 기다리기] 블록과 〈흐름〉의 [(2)초 기다리기] 블록을 번갈아 가며 3개씩 넣어 주고, 각 (엔트리) 자리에 (three), (two), (one)을 입력합니다. 그리고 (2) 대신 (1)을 입력해 줍니다.

❸ 〈생김새〉의 [모양 숨기기] 블록을 연결한 뒤 〈인공지능〉-〈비디오 감지〉의 [비디오 투명도 효과를 (0)으로 정하기], [비디오 화면 (보이기)], [(사람) 인식 (시작하기)], [인식된 (사람) (보이기)] 블록을 순서대로 연결해 줍니다.

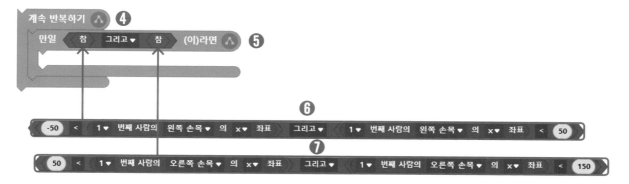

❹ 왼쪽 손목과 오른쪽 손목의 좌푯값으로 자세가 바르게 되었는지 확인하기 위해 〈흐름〉의 [계속 반복하기] 블록을 ❸번 아래에 연결하고 계속해서 코드를 작성합니다.

❺ [계속 반복하기] 블록 속에 〈흐름〉의 [만일 (참)이라면] 블록을 넣고 (참) 속에 〈판단〉의 [(참) 그리고 (참)] 블록을 넣습니다.

❻ ❺번 블록의 왼쪽 (참) 자리에 〈판단〉의 [(참) 그리고 (참)] 블록을 넣습니다. 이 블록의 왼쪽 (참) 자리에는 [(−50)〈((1)번째 사람의 (왼쪽 손목)의 (x) 좌표] 블록을 넣고 오른쪽 (참) 자리에는 [((1)번째 사람의 (왼쪽 손목)의 (x) 좌표)〈50] 블록을 넣습니다.

❼ ❺번 블록의 오른쪽 (참) 자리에도 〈판단〉의 [(참) 그리고 (참)] 블록을 넣습니다. 이 블록의 왼쪽 (참) 자리에는 [(50)〈((1)번째 사람의 (오른쪽 손목)의 (x) 좌표] 블록을 넣고 오른쪽 (참) 자리에는 [((1)번째 사람의 (오른쪽 손목)의 (x) 좌표)〈150] 블록을 넣습니다.

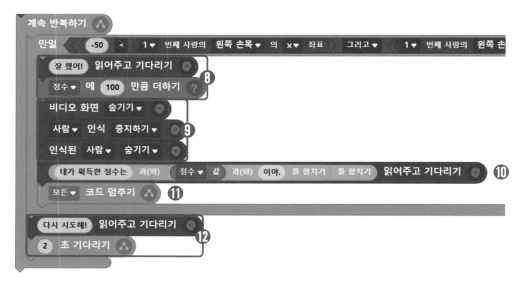

❽ 조건을 만족했을 때 잘했다고 말해 주기 위해 〈인공지능〉–〈읽어주기〉의 [(엔트리) 읽어주고 기다리기] 블록을 연결하고, (엔트리) 대신에 (잘 했어!)를 입력합니다. 그리고 〈자료〉의 [(점수)에 (100)만큼 더하기] 블록을 연결해 점수를 획득할 수 있도록 합니다.

❾ 점수를 획득했다면 〈인공지능〉–〈비디오 감지〉의 [비디오 화면 (숨기기)], [(사람) 인식 (중지하기)], [인식된 (사람) (숨기기)] 블록을 차례로 연결합니다.

❿ 〈인공지능〉–〈읽어주기〉의 [(엔트리) 읽어주고 기다리기] 블록을 연결하고 (엔트리) 자리에 〈계산〉의 [(안녕!)과 (엔트리)를 합치기] 블록을 넣습니다. (안녕!) 대신 (네가 획득한 점수는)을 입력하고 (엔트리) 자리에 〈계산〉의 [(안녕!)과 (엔트리)를 합치기] 블록을 넣습니다. (안녕!) 대신에 〈자료〉의 [(점수) 값] 블록을 넣고, (엔트리) 대신에 (이야.)를 입력합니다.

⓫ 게임이 종료되었으므로 〈흐름〉의 [(모든) 코드 멈추기] 블록을 넣어 줍니다.

⓬ 조건을 만족하지 못했을 때 다시 시도하기 위해 〈인공지능〉–〈읽어주기〉의 [(엔트리) 읽어주고 기다리기] 블록을 연결하고 (엔트리) 자리에 (다시 시도해!)를 입력합니다. 약간의 딜레이 시간을 주기 위해 〈흐름〉의 [(2) 초 기다리기] 블록을 연결해 줍니다.

17 프로그램을 실행해 게임을 해 봅시다.

 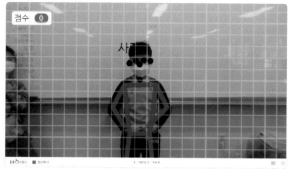

 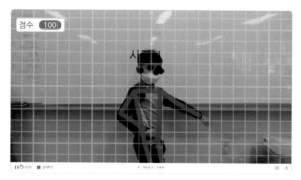

TiP

장면2에서는 동작 인식 게임을
마무리하는 코드가 필요해요!

http://naver.me/50tyOtfR

홈 트레이닝(Home training)이란?

홈 트레이닝(Home training)이란 거창한 도구 없이 집에서 할 수 있는 운동 방식을 말합니다. 헬스장이나 체육관 같은 시설에 가지 않고도 집에서 팔굽혀펴기, 스쿼트, 바이시클 크런치 등과 같은 동작들을 꾸준히 실천함으로써 운동의 효과를 보는 것이죠. 리오넬 메시, 손흥민 등 세계적 운동 스타들이 '홈트' 영상을 유튜브 등에 올리며 이를 권장하자 홈트에 대한 관심이 더욱 커지기도 했죠. 특히 코로나19로 인해 사회적 거리 두기가 일상화되면서 수영장과 헬스장 등 공공 운동 시설의 이용이 어려워지자 집에서 운동하는, 이른바 홈트족이 폭발적으로 늘게 되었습니다.

하지만 혼자 운동하는 것이 쉽지는 않죠? 운동을 할 때 잘못된 자세를 취하면 운동의 효과가 줄어들 뿐만 아니라, 부상을 입을 수도 있기 때문에 바른 자세를 취하는 것이 매우 중요합니다. 하지만 혼자 영상을 보고 따라 하다 보면 본인이 자세를 제대로 취했는지 스스로 확인하기 어려울 때가 있지요. 그럴 때 AI 홈트 게임 프로그램을 만들어 자신이 한 동작이 제대로 된 것인지 확인해 보면 어떨까요? 본 활동에서 만들어 본 AI 홈트 게임 프로그램의 경우 태권도 동작을 정확하게 했을 때 점수를 얻을 수 있습니다. AI가 인식한 손목이나 어깨 등의 위치 좌표를 활용해 바른 자세를 확인하는 것이지요. 이를 응용해 다양한 홈 트레이닝 동작들을 인식하는 AI 게임 프로그램을 만들어 봅시다.

03 Section

에너지 효율 등급을 결정해!

데이터를 기반으로 입력된 값을 처리해 에너지 효율 등급이 어디에 가까운지 분류하는 기능을 활용한 AI 과학 게임 프로그램을 만들어요.

수업 길잡이 ···········

난이도 ★★★★★
소요시간 30분 이상
학습영역 데이터와 기계학습
준비물 PC 또는 노트북,
사이트 주소 알기
(https://playentry.org/)

AI 프로그래밍을 준비해요!

활동 목표
엔트리의 모델 학습을 이해하고 AI 과학 게임 프로그램 만들기

활동 약속
데이터를 기반으로 AI가 어떻게 판단하는지 생각해 보기

관련 교과를 확인해요!

관련 교과 및 단원
• 6학년 〉 2학기 〉 실과 〉 4. 소프트웨어와 생활 〉 03. 프로그래밍 요소와 구조
• 6학년 〉 2학기 〉 과학 〉 국정 〉 5. 에너지와 생활

이 게임은

이 활동은 외부 데이터를 기반으로 엔트리의 인공지능 모델 학습하기를 활용해 입력된 데이터의 값을 처리하고 에너지 효율 등급을 판단해 보는 AI 과학 게임 프로그램입니다. 이를 통해 인공지능이 데이터를 근간으로 학습하고 기준에 따라 에너지 효율 등급을 판단할 수 있음을 알고 이를 활용해 우리 생활에 도움을 주는 프로그램을 만들어 봅니다.

1 〈데이터 분석〉 카테고리를 클릭한 후 [테이블 불러오기] 버튼을 누릅니다.

2 [테이블 추가하기]를 클릭합니다.

❸ 테이블 선택, 파일 올리기, 새로 만들기 중에서 〈파일 올리기〉를 선택한 뒤 [파일 선택] 버튼을 누르면 파일을 업로드할 수 있는 창이 뜹니다. 영진닷컴 홈페이지(https://www.youngjin.com/reader/pds/pds.asp)에서 다운로드한 "한국에너지공단_에너지소비효율등급제도 기기부문 제품정보.xlsx" 파일을 선택한 뒤 [추가] 버튼을 누릅니다.

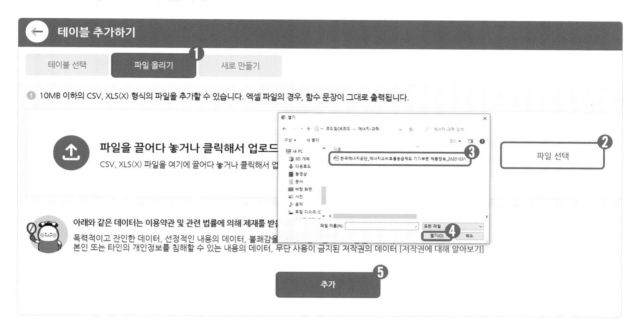

❹ 추가된 테이블을 화면에서 확인할 수 있습니다. [저장하기] 버튼을 누릅니다.

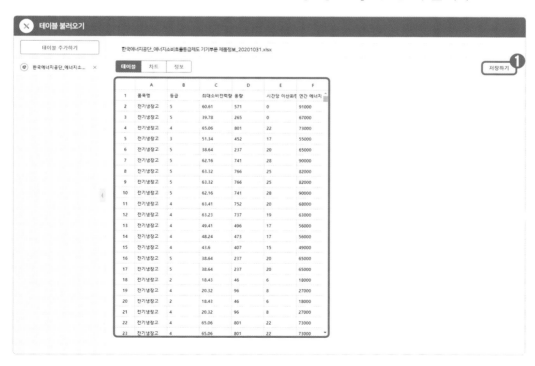

❺ 〈데이터 분석〉 카테고리에 추가한 테이블과 관련된 블록이 만들어진 것을 확인할 수 있습니다.

❻ 〈인공지능〉 카테고리를 클릭한 후 [인공지능 모델 학습하기] 버튼을 누릅니다.

7 분류: 이미지, 분류: 텍스트, 분류: 음성, 분류: 숫자, 예측: 숫자, 군집: 숫자 데이터 중 〈분류: 숫자〉를 선택합니다.

8 모델의 이름을 "에너지 효율 등급"으로 입력하고, 추가한 테이블의 데이터인 "한국에너지공단_에너지소비효율등급제도 기기부문 제품정보"를 선택합니다. (등급), (최대소비전력량), (용량), (시간당 이산화탄소 배출량), (연간 에너지 비용) 총 5개의 속성이 보입니다.

9 5개의 속성 중 에너지 효율 등급에 필요한 (최대소비전력량), (용량), (연간 에너지 비용)을 핵심 속성으로 선택해 끌어옵니다. 그리고 (등급)을 클래스 속성으로 선택해 끌어온 뒤 [모델 학습하기] 버튼을 클릭합니다. 결과를 확인하기 위해 최대소비전력량에 18, 용량에 43, 연간에너지 비용에 15000으로 입력해 봅니다. 1등급으로 분류한 결과를 확인할 수 있습니다. 모델 만들기가 완료되었다면 [적용하기] 버튼을 클릭합니다. (결과값이 책에 있는 수치와 조금 다르게 나타나도 괜찮습니다. 단, 결과가 다른 클래스로 나타날 경우에는 결과에 다른 값을 입력해서 알맞은 수치를 확인한 후 진행합니다.)

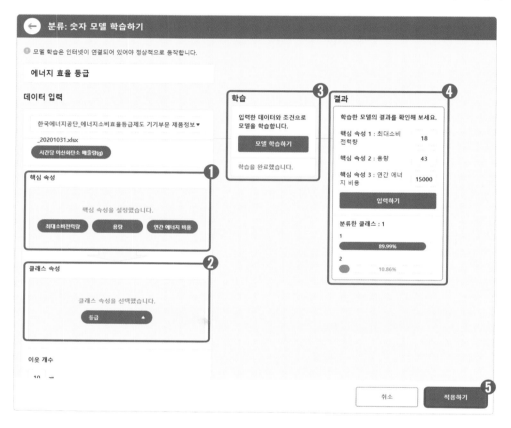

⑩ 기본 오브젝트인 '엔트리봇'을 삭제하고 오브젝트 추가하기에서 '부엌(3)' 배경 오브젝트를 추가합니다.

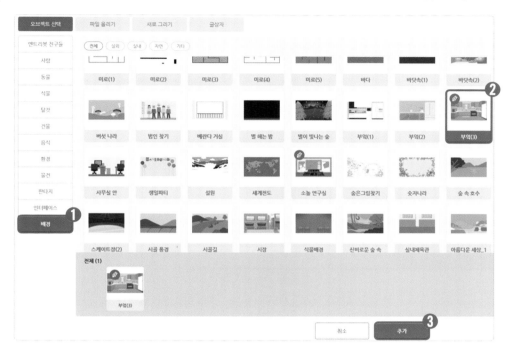

⑪ '뛰어노는 아이' 오브젝트를 추가한 뒤 속성 탭에서 [변수]를 선택한 상태에서 [변수 추가하기]를 클릭해 "점수", "예상", "용량", "최대 소비 전력량", "연간 에너지 비용" 변수를 추가합니다.

⓬ '뛰어노는 아이' 오브젝트를 선택한 상태에서 다음과 같이 코드를 작성합니다.

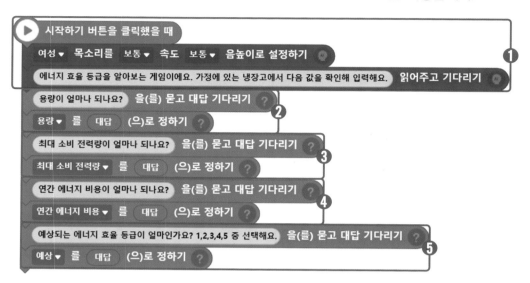

❶ 〈인공지능〉의 [인공지능 블록 불러오기]에서 〈읽어주기〉를 추가합니다. 〈시작〉의 [시작하기 버튼을
클릭했을 때] 블록 아래에 〈인공지능〉-〈읽어주기〉의 [(여성) 목소리를 (보통) 속도 (보통) 음높이로
설정하기]와 [(엔트리) 읽어주고 기다리기] 블록을 가져옵니다. (엔트리) 대신 (에너지 효율 등급을
알아보는 게임이에요. 가정에 있는 냉장고에서 다음 값을 확인해 입력해요.)를 적습니다.

❷ 〈자료〉의 [(안녕!)을 묻고 대답 기다리기] 블록을 가져와 연결하고 (안녕!) 대신에 (용량이 얼마나 되
나요?)를 입력합니다. 그리고 그 대답값을 변수에 저장하기 위해 〈자료〉의 [(용량)를 (10)으로 정하
기] 블록을 연결한 뒤 (10) 대신 〈자료〉의 [대답] 블록을 넣습니다.

❸ 〈자료〉의 [(안녕!)을 묻고 대답 기다리기] 블록을 가져와 연결하고 (안녕!) 대신에 (최대 소비 전력량
이 얼마나 되나요?)를 입력합니다. 그리고 그 대답값을 변수에 저장하기 위해 〈자료〉의 [(최대 소비
전력량)을 (10)으로 정하기] 블록을 연결한 뒤 (10) 대신 〈자료〉의 [대답] 블록을 넣습니다.

❹ 〈자료〉의 [(안녕!)을 묻고 대답 기다리기] 블록을 가져와 연결하고 (안녕!) 대신에 (연간 에너지 비용
이 얼마나 되나요?)를 입력합니다. 그리고 그 대답값을 변수에 저장하기 위해 〈자료〉의 [(연간 에너
지 비용)을 (10)으로 정하기] 블록을 연결한 뒤 (10) 대신 〈자료〉의 [대답] 블록을 넣습니다.

❺ 〈자료〉의 [(안녕!)을 묻고 대답 기다리기] 블록을 가져와 연결하고 (안녕!) 대신에 (예상되는 에너지
효율 등급이 얼마인가요? 1,2,3,4,5 중 선택해요.)를 입력합니다. 그리고 그 대답값을 변수에 저장
하기 위해 〈자료〉의 [(예상)을 (10)으로 정하기] 블록을 연결한 뒤 (10) 대신 〈자료〉의 [대답] 블록을
넣습니다.

⓭ '뛰어노는 아이' 오브젝트에 계속해서 코드를 연결합니다.

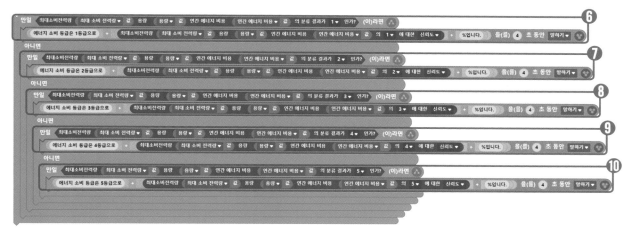

❻ 〈흐름〉의 [만일 (참)이라면, 아니면] 블록을 가져온 뒤 (참) 속에 〈인공지능〉-〈분류 : 숫자 모델〉의 [최대소비전력량 (10) 용량 (10) 연간 에너지 비용 (10)의 분류 결과가 (1)인가?] 블록을 넣습니다. 그리고 첫 번째 (10)에는 〈자료〉의 [(최대 소비 전력량)값] 블록을, 두 번째 (10)에는 [(용량)값] 블록을, 세 번째 (10)에는 [(연간 에너지 비용)값] 블록을 각각 넣어 줍니다. 조건을 만족했을 때 해당 등급의 신뢰도를 확인하기 위해 〈생김새〉의 [(안녕!)을 (4)초 동안 (말하기)] 블록을 넣고, (안녕!) 대신에 〈계산〉의 [(10)+(10)] 블록을 2개 가져와 연결한 뒤 첫 번째 (10)에는 (에너지 소비 등급은 1등급으로)를 입력합니다. 두 번째 (10)에는 〈인공지능〉-〈분류 : 숫자 모델〉의 [최대소비전력량 (10) 용량 (10) 연간 에너지 비용 (10)의 (1)에 대한 (신뢰도)] 블록을 넣고 각 (10)에는 그에 해당하는 변숫값 블록을 넣습니다. 세 번째 (10)에는 (%입니다.)를 입력합니다.

❼ 위의 분류 결과 조건을 만족하지 않으면 '아니면' 아래에 다시 〈흐름〉의 [만일 (참)이라면, 아니면] 블록을 가져와 (참) 속에 〈인공지능〉-〈분류 : 숫자 모델〉의 [최대소비전력량 (10) 용량 (10) 연간 에너지 비용 (10)의 분류 결과가 (2)인가?] 블록을 넣습니다. 그리고 첫 번째 (10)에는 〈자료〉의 [(최대 소비 전력량)값] 블록을, 두 번째 (10)에는 [(용량)값] 블록을, 세 번째 (10)에는 [(연간 에너지 비용)값] 블록을 각각 넣어 줍니다. 조건을 만족했을 때 해당 등급의 신뢰도를 확인하기 위해 〈생김새〉의 [(안녕!)을 (4)초 동안 (말하기)] 블록을 넣고, (안녕!) 대신에 〈계산〉의 [(10)+(10)] 블록을 2개 가져와 연결한 뒤 첫 번째 (10)에는 (에너지 소비 등급은 2등급으로)를 입력합니다. 두 번째 (10)에는 〈인공지능〉-〈분류 : 숫자 모델〉의 [최대소비전력량 (10) 용량 (10) 연간 에너지 비용 (10)의 (2)에 대한 신뢰도] 블록을 넣고 각 (10)에는 그에 해당하는 변숫값 블록을 넣습니다. 세 번째 (10)에는 (%입니다.)를 입력합니다.

❽ 동일한 코드를 작성하되, 분류 결과와 등급을 3으로 바꿔 줍니다.

❾ 동일한 코드를 작성하되, 분류 결과와 등급을 4로 바꿔 줍니다.

❿ 동일한 코드를 작성하되, 분류 결과와 등급을 5로 바꿔 줍니다. 단, 5등급이 마지막이므로 여기에서는 〈흐름〉의 [만일 (참)이라면, 아니면] 블록이 아니라 [만일 (참)이라면] 블록을 사용해야 합니다.

⓮ '뛰어노는 아이' 오브젝트에 계속해서 코드를 연결합니다.

⓫ 앞의 코드에서는 등급을 분류했습니다. 이어서 사용자가 예상한 값과 인공지능의 분류값을 비교하기 위해 〈흐름〉의 [만일 (참)이라면, 아니면] 블록을 가져온 뒤 (참) 대신 〈판단〉의 [(10)=(10)] 블록을 넣습니다. 왼쪽 (10)에는 〈자료〉의 [(예상)값] 블록을 넣고, 오른쪽 (10)에는 〈인공지능〉-〈분류 : 숫자 모델〉의 [최대소비전력량 (10) 용량 (10) 연간에너지비용 (10)의 분류 결과] 블록을 넣습니다. 그리고 첫 번째 (10)에는 〈자료〉의 [(최대 소비 전력량)값] 블록을, 두 번째 (10)에는 [(용량)값] 블록을, 세 번째 (10)에는 [(연간 에너지 비용)값] 블록을 각각 넣어 줍니다. 조건을 만족했을 때 예상이 맞았음을 알려 주기 위해 〈생김새〉의 [(안녕!)을 (4)초 동안 (말하기)] 블록을 연결하고 (안녕!) 대신에 (예상이 맞았어요!)를 입력합니다. 그리고 〈자료〉의 [(점수)에 (10)만큼 더하기] 블록을 연결한 뒤 (10) 대신 (100)을 입력합니다.

⓬ 조건을 만족하지 않았을 때, 즉 사용자의 예상과 인공지능의 분류값이 다를 때 예상이 틀렸음을 말하도록 〈생김새〉의 [(안녕!)을 (4)초 동안 (말하기)] 블록을 연결하고 (안녕!) 대신에 (예상이 틀렸어요!)를 입력합니다.

⑮ 프로그램이 완성되었다면 [시작하기] 버튼을 눌러서 프로그램을 실행해 봅니다. 학습한 데이터를 기반으로 사용자가 입력한 데이터값을 처리해 인공지능이 에너지 효율 등급을 분류해서 알려 줍니다. 사용자가 예상한 값과 인공지능의 분류값이 같다면 점수를 획득할 수 있습니다.

프로그램이 잘 실행되지 않는다면
완성 작품의 코드를 다시 한번 살펴보세요.
* 엔트리 리뉴얼로 인해 오류가 발생할 수 있어요.

http://naver.me/GjRJiZUG

에너지 소비 효율 등급은 어떻게 분류하나요?

우리가 생활 속에서 많이 사용할 뿐만 아니라 사용될 때마다 상당량의 에너지를 소비하는 기자재로 무엇이 있을까요? 냉장고, 냉난방기, 세탁기, 조명 기기 등을 그 예로 들 수 있겠네요. 산업통상자원부는 전 국민의 에너지 이용 합리화를 위해 이처럼 보급량이 많고 에너지를 많이 소비하는 기자재의 품목을 지정하여 에너지 사용량에 따른 효율 등급을 표시하게 하고 있습니다. 이러한 기자재의 효율이 높고 낮음을 나타내는 에너지 소비 효율 등급은 보통 1~5등급으로 나뉘며 1등급에 가까울수록 에너지 효율이 높은 제품이라 말할 수 있지요. 즉, 에너지 효율 등급이 1등급에 가까울수록 에너지 절약형 제품이며, 1등급의 제품을 사용하면 5등급 제품 대비 약 30~40%의 에너지를 절감할 수 있다고 합니다.

이번 활동에서 만들어 본 에너지 효율 게임은 수십 대의 전기냉장고 데이터 중 핵심 속성값을 기반으로 학습한 인공지능이 사용자가 입력한 값을 처리해 1~5등급 중 어디에 속하는지를 분류해 알려 줄 수 있는 기능을 활용한 것입니다. 인공지능이 데이터를 기반으로 학습하고, 이를 활용해 스스로 판단할 수 있음을 알 수 있을 뿐 아니라 에너지 효율 등급을 알기 위해서는 어떤 데이터값이 필요한지도 잘 알게 되었지요? 이렇게 생활 속 데이터를 활용해 우리 인간의 생활을 더욱 편리하게 해 주는 다양한 인공지능 프로그램을 만들어 보도록 해요.

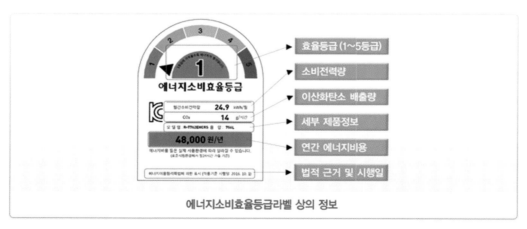

에너지소비효율등급라벨 상의 정보

이미지 출처 https://eep.energy.or.kr/business_introduction/related_business.aspx

Section 04

수학 게임

구를 찾아라!

엔트리의 사물 인식 기술을 활용해 여러 가지 모양 중 구 모양의 사물을 인식 시켰을 때 점수를 얻을 수 있는 AI 구 찾기 수학 게임 프로그램을 만들어요.

난이도 ★★★★☆
소요시간 30분 이상
학습영역 인공지능의 원리와 활용
준비물 PC 또는 노트북, 사이트 주소 알기
(https://playentry.org/)

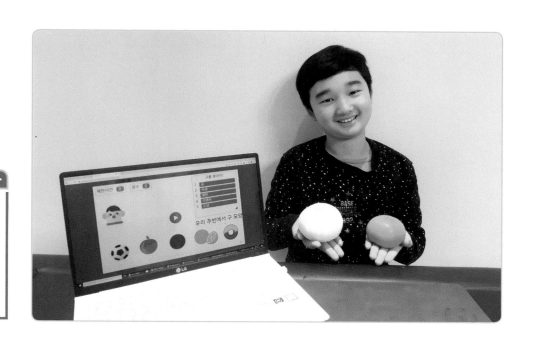

AI 프로그래밍을 준비해요!

활동 목표

엔트리의 사물 인식을 이해하고 AI 수학 게임 프로그램 만들기

활동 약속

구 모양인 것과 구 모양이 아닌 것 구별하기

관련 교과를 확인해요!

관련 교과 및 단원

• 6학년 〉 2학기 〉 실과 〉 4. 소프트웨어와 생활 〉 03. 프로그래밍 요소와 구조

• 6학년 〉 2학기 〉 수학〉 6. 원기둥, 원뿔, 구

이 활동은 엔트리의 사물 인식 기술을 활용해 구 모양인 것과 구 모양이 아닌 것을 구별해 구 모양 의 사물을 인식시켜 점수를 얻는 AI 게임 프로그래밍 활동입니다. 인공지능의 사물 인식 기술을 활용 해 어떤 사물인지를 구별하거나 분류함으로써 우리 생활에 도움을 주는 프로그램을 만들 수 있음을 알 수 있습니다.

1 〈인공지능〉 카테고리를 클릭한 후 [인공지능 블록 불러오기] 버튼을 누릅니다.

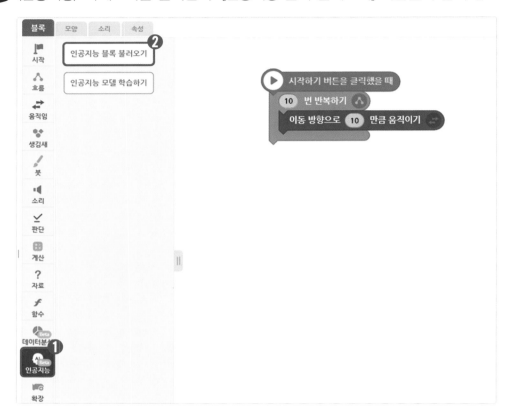

2 〈비디오 감지〉와 〈읽어주기〉를 선택한 후 [추가] 버튼을 클릭합니다.

❸ 기본 오브젝트인 '엔트리봇'은 삭제하고, 오브젝트 추가하기를 눌러 '얼굴(남)'을 추가합니다.

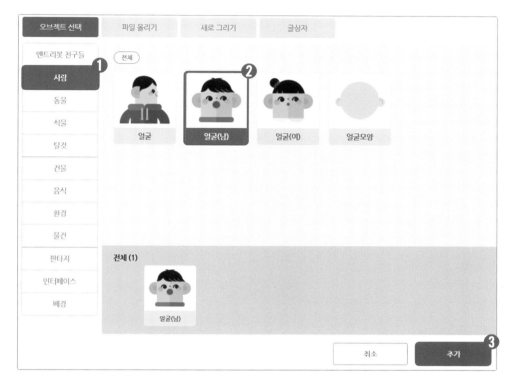

❹ 추가한 '얼굴(남)' 오브젝트의 위치를 왼쪽 가운데에 놓고, '축구공', '사과(1)', '원', '오렌지', '도넛' 오브젝트를 그림과 같이 추가합니다.

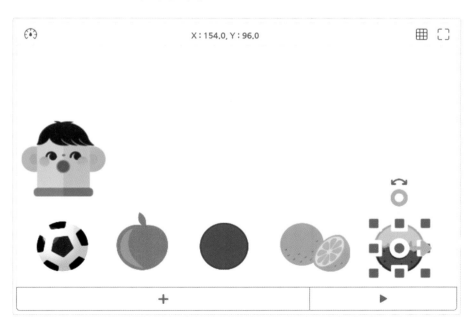

5 이번에는 글상자 오브젝트를 추가합니다.

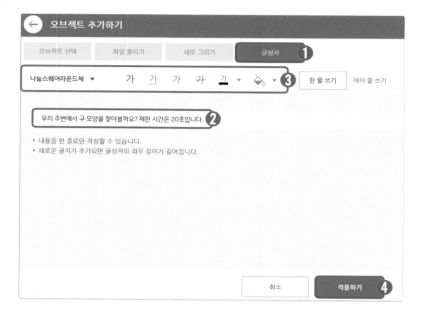

1 오브젝트 추가하기에서 글상자를 선택합니다.

2 "우리 주변에서 구 모양을 찾아볼까요? 제한 시간은 20초입니다."를 입력합니다.

3 글꼴을 다양하게 설정할 수 있고, 진하게 하거나 밑줄을 긋는 등 여러 가지 효과를 줄 수 있습니다.

4 [적용하기] 버튼을 누릅니다.

6 글상자 오브젝트의 위치를 오른쪽으로 하되 코드를 작성할 때 자막처럼 움직이는 효과를 줄 예정이므로 몇 글자만 보이도록 합니다.

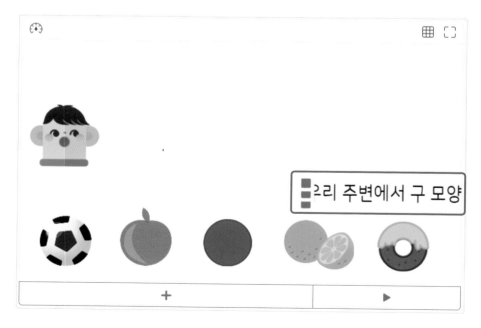

❼ '얼굴(남)' 오브젝트를 선택한 상태에서 리스트를 추가하고 다음과 같이 코드를 작성합니다.

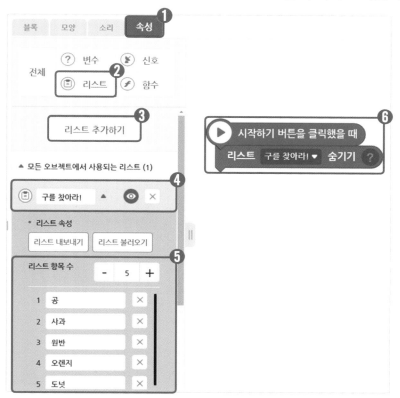

❶ 속성 탭을 선택합니다.

❷ 변수, 신호, 리스트, 함수 중 [리스트]를 선택합니다.

❸ [리스트 추가하기]를 클릭합니다.

❹ 리스트의 이름을 "구를 찾아라!"로 정하고 눈 뜬 모양으로 하여 화면에 보이게 합니다.

❺ 리스트 항목 수의 [+] 버튼을 눌러 5로 정하고 각각의 이름을 "공", "사과", "원반", "오렌지", "도넛" 으로 입력합니다.

❻ 블록 탭으로 가서 〈시작〉의 [시작하기 버튼을 클릭했을 때] 블록을 가져온 뒤 〈자료〉의 [리스트 (구를 찾아라!) 숨기기] 블록을 연결합니다.

❽ 이번에는 속성 탭에서 변수와 신호를 각각 추가합니다.

❼ 먼저 변수, 신호, 리스트, 함수 중 [변수]를 선택합니다.

❽ [변수 추가하기]를 클릭합니다.

❾ 변수의 이름을 "점수"로 정하고, 같은 방법으로 "제한시간" 변수를 1개 더 추가합니다.

❿ 이번에는 변수, 신호, 리스트, 함수 중 [신호]를 선택합니다.

⓫ [신호 추가하기]를 클릭합니다.

⓬ 신호의 이름을 "제한시간"이라고 정하고, 같은 방법으로 "공", "사과", "원반", "오렌지", "도넛" 신호를 5개 더 추가합니다.

❾ '얼굴(남)' 오브젝트를 선택한 상태에서 계속해서 코드를 작성합니다.

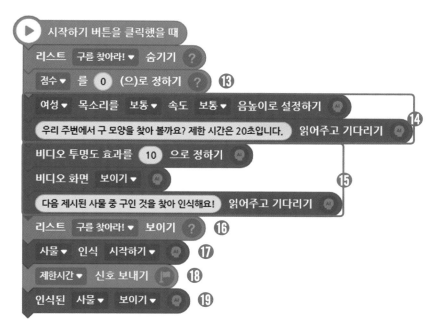

❸ 〈자료〉의 [(점수)를 (0)으로 정하기]를 가져와 연결합니다.

❹ 〈인공지능〉–〈읽어주기〉의 [(여성) 목소리를 (보통) 속도 (보통) 음높이로 설정하기] 블록을 연결하고, [(엔트리) 읽어주고 기다리기] 블록을 가져와 (엔트리) 대신 (우리 주변에서 구 모양을 찾아볼까요? 제한 시간은 20초입니다.)를 입력합니다.

❺ 〈인공지능〉–〈비디오 감지〉의 [비디오 투명도 효과를 (0)으로 정하기] 블록을 가져와 (0) 대신 (10)을 입력하고, 〈인공지능〉–〈비디오 감지〉의 [비디오 화면 (보이기)] 블록과 〈인공지능〉–〈읽어주기〉의 [(엔트리) 읽어주고 기다리기] 블록을 차례로 연결합니다. (엔트리) 대신 (다음 제시된 사물 중 구인 것을 찾아 인식해요!)를 입력합니다.

❻ 〈자료〉의 [리스트 (구를 찾아라!) 보이기] 블록을 가져옵니다.

❼ 〈인공지능〉–〈비디오 감지〉의 [(사물) 인식 (시작하기)] 블록을 연결합니다.

❽ 〈시작〉의 [(제한시간) 신호 보내기] 블록을 연결합니다.

❾ 〈인공지능〉–〈비디오 감지〉의 [인식된 (사물) (보이기)] 블록을 연결해 인식한 사물이 무엇인지 화면에 보이게 합니다.

⑩ 계속해서 코드를 작성합니다.

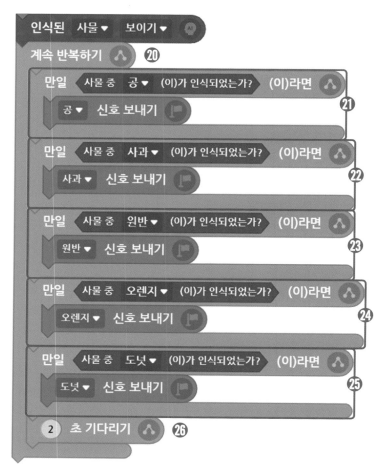

⑳ 〈흐름〉의 [계속 반복하기] 블록을 연결합니다.

㉑ [계속 반복하기] 블록 속에 〈흐름〉의 [만일 (참)이라면] 블록을 넣고, (참) 대신 〈인공지능〉-〈비디오 감지〉의 [사물 중 (공)이 인식되었는가?] 블록을 넣습니다. 조건을 만족하였을 때 신호를 보내도록 〈시작〉의 [(공) 신호 보내기] 블록을 넣어 줍니다.

㉒ 마찬가지로 사과를 인식했을 때 사과 신호를 보내도록 코드를 작성합니다.

㉓ 원반을 인식했을 때 원반 신호를 보내도록 코드를 작성합니다.

㉔ 오렌지를 인식했을 때 오렌지 신호를 보내도록 코드를 작성합니다.

㉕ 도넛을 인식했을 때 도넛 신호를 보내도록 코드를 작성합니다.

㉖ 사물을 인식하고 다시 인식하는 사이에 약간의 딜레이 시간을 주기 위해 〈흐름〉의 [(2)초 기다리기] 블록을 연결해 줍니다.

⓫ '얼굴(남)' 오브젝트를 선택한 상태에서 계속해서 코드를 추가합니다.

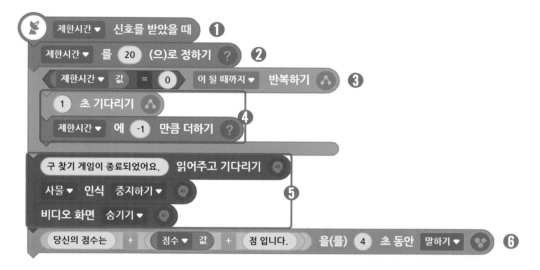

❶ 〈시작〉의 [(제한시간) 신호를 받았을 때] 블록을 가져옵니다.

❷ 〈자료〉의 [(제한시간)을 (10)으로 정하기] 블록을 가져온 뒤 (10) 대신 (20)을 입력합니다.

❸ 〈흐름〉의 [(참)(이 될 때까지) 반복하기] 블록을 연결하고 (참) 대신 〈판단〉의 [(10)=(10)]을 넣어 줍니다. 왼쪽 (10)에는 〈자료〉의 [(제한시간)값] 블록을 넣고, 오른쪽 (10)에는 (0)을 입력합니다.

❹ 제한시간값이 0이 될 때까지 1초마다 제한시간이 1씩 줄어들 수 있도록 〈흐름〉의 [(2)초 기다리기] 블록을 가져와 (2) 대신 (1)을 입력합니다. 그리고 〈자료〉의 [(제한시간)에 (10)만큼 더하기] 블록을 연결한 뒤 (10) 대신 (-1)을 입력합니다.

❺ 반복하기 블록 바깥에 〈인공지능〉–〈읽어주기〉의 [(엔트리) 읽어주고 기다리기] 블록을 가져와 (엔트리) 대신 (구 찾기 게임이 종료되었어요.)를 입력하고, 사물 인식을 중지한 뒤 비디오 화면을 숨길 수 있도록 〈인공지능〉–〈비디오 감지〉의 [(사물) 인식 (중지하기)]와 [비디오 화면 (숨기기)] 블록을 차례로 연결합니다.

❻ 〈생김새〉의 [(안녕!)을 (4)초 동안 (말하기)] 블록을 연결한 뒤 (안녕!) 대신에·〈계산〉의 [(10)+(10)] 블록을 2개 가져와 연결합니다. 첫 번째 (10)에는 (당신의 점수는)을. 두 번째 (10)에는 〈자료〉의 [(점수)값] 블록을, 세 번째 (10)에는 (점입니다.)를 각각 입력하거나 넣습니다.

⑫ 글상자 오브젝트를 선택한 상태에서 코드를 작성합니다.

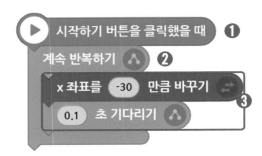

❶ 〈시작〉의 [시작하기 버튼을 클릭했을 때] 블록을 가져옵니다.

❷ 〈흐름〉의 [계속 반복하기] 블록을 연결합니다.

❸ 자막처럼 움직이도록 〈움직임〉의 [X 좌표를 (10)만큼 바꾸기]를 가져온 뒤 (10) 대신 (−30)을 입력
합니다. 각각의 움직임 사이에 딜레이 시간이 필요하므로 〈흐름〉의 [(2)초 기다리기] 블록을 가져
온 뒤 (2) 대신 (0.1)을 입력합니다.

⑬ '축구공' 오브젝트를 선택한 상태에서 코드를 작성합니다.

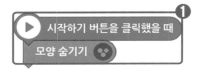

❶ 〈시작〉의 [시작하기 버튼을 클릭했을 때] 블록 아래에 〈생김새〉의 [모양 숨기기] 블록을 연결합니다.

❷ 〈시작〉의 [(공) 신호를 받았을 때] 블록을 가져옵니다.

❸ 〈인공지능〉-〈읽어주기〉의 [(엔트리) 읽어주기] 블록을 연결하고, 축구공은 구가 맞으므로 (엔트리)
대신에 (구 수집 완료)를 입력합니다.

❹ 〈생김새〉의 [모양 보이기] 블록을 연결합니다.

❺ 〈자료〉의 [(구를 찾아라!) (1)번째 항목을 (10)으로 바꾸기] 블록을 연결하고, (10) 대신에 (공 수집 완
료)를 입력합니다.

❻ 〈자료〉의 [(점수)에 (10)만큼 더하기] 블록을 연결한 뒤 (10) 대신에 (100)을 입력합니다.

⑭ '사과' 오브젝트를 선택한 상태에서 코드를 작성합니다.

❶ 〈시작〉의 [시작하기 버튼을 클릭했을 때] 블록 아래에 〈생김새〉의 [모양 숨기기] 블록을 연결합니다.

❷ 〈시작〉의 [(사과) 신호를 받았을 때] 블록을 가져옵니다.

❸ 〈인공지능〉-〈읽어주기〉의 [(엔트리) 읽어주기] 블록을 연결하고, 사과는 구가 맞으므로 (엔트리) 대신에 (구 수집 완료)를 입력합니다.

❹ 〈생김새〉의 [모양 보이기] 블록을 연결합니다.

❺ 〈자료〉의 [(구를 찾아라!) (1)번째 항목을 (10)으로 바꾸기] 블록을 연결하고, (1) 대신에 (2)를, (10) 대신에 (사과 수집 완료)를 입력합니다.

❻ 〈자료〉의 [(점수)에 (10)만큼 더하기] 블록을 연결한 뒤 (10) 대신에 (100)을 입력합니다.

⑮ '원반' 오브젝트를 선택한 상태에서 코드를 작성합니다.

❶ 〈시작〉의 [시작하기 버튼을 클릭했을 때] 블록 아래에 〈생김새〉의 [모양 숨기기] 블록을 연결합니다.

❷ 〈시작〉의 [(원반) 신호를 받았을 때] 블록을 가져옵니다.

❸ 〈인공지능〉–〈읽어주기〉의 [(엔트리) 읽어주기] 블록을 연결하고, 원반은 구가 아니므로 (엔트리) 대신에 (구가 아니에요!)를 입력합니다.

❹ 〈생김새〉의 [모양 보이기] 블록을 연결합니다.

❺ 〈자료〉의 [(구를 찾아라!) (1)번째 항목을 (10)으로 바꾸기] 블록을 연결하고, (1) 대신에 (3)을, (10) 대신에 (구 수집 실패)를 입력합니다.

❻ 〈자료〉의 [(점수)에 (10)만큼 더하기] 블록을 연결한 뒤 (10) 대신에 (-100)을 입력합니다.

⓰ '오렌지' 오브젝트를 선택한 상태에서 코드를 작성합니다.

❶ 〈시작〉의 [시작하기 버튼을 클릭했을 때] 블록 아래에 〈생김새〉의 [모양 숨기기] 블록을 연결합니다.

❷ 〈시작〉의 [(오렌지) 신호를 받았을 때] 블록을 가져옵니다.

❸ 〈인공지능〉–〈읽어주기〉의 [(엔트리) 읽어주기] 블록을 연결하고, 오렌지는 구가 맞으므로 (엔트리) 대신에 (구 수집 완료)를 입력합니다.

❹ 〈생김새〉의 [모양 보이기] 블록을 연결합니다.

❺ 〈자료〉의 [(구를 찾아라!) (1)번째 항목을 (10)으로 바꾸기] 블록을 연결하고, (1) 대신에 (4)를, (10) 대신에 (오렌지 수집 완료)를 입력합니다.

❻ 〈자료〉의 [(점수)에 (10)만큼 더하기] 블록을 연결한 뒤 (10) 대신에 (100)을 입력합니다.

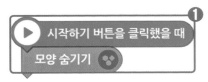

⑰ '도넛' 오브젝트를 선택한 상태에서 코드를 작성합니다.

❶ 〈시작〉의 [시작하기 버튼을 클릭했을 때] 블록 아래에 〈생김새〉의 [모양 숨기기] 블록을 연결합니다.

❷ 〈시작〉의 [(도넛) 신호를 받았을 때] 블록을 가져옵니다.

❸ 〈인공지능〉–〈읽어주기〉의 [(엔트리) 읽어주기] 블록을 연결하고, 도넛은 구가 아니므로 (엔트리) 대신에 (구가 아니에요!)를 입력합니다.

❹ 〈생김새〉의 [모양 보이기] 블록을 연결합니다.

❺ 〈자료〉의 [(구를 찾아라!) (1)번째 항목을 (10)으로 바꾸기] 블록을 연결하고, (1) 대신에 (5)를, (10) 대신에 (구 수집 실패)를 입력합니다.

❻ 〈자료〉의 [(점수)에 (10)만큼 더하기] 블록을 연결한 뒤 (10) 대신에 (−100)을 입력합니다.

AI 프로그램을 만들어요!

18 프로그램이 완성되었다면 [시작하기] 버튼을 눌러서 프로그램을 실행해 봅니다.

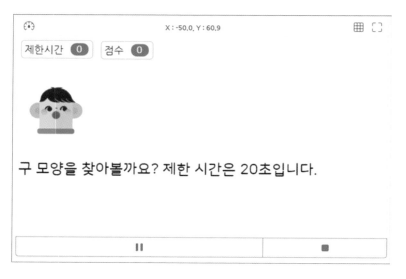

TIP

프로그램을 실행하기 전에
구 모양의 사물을 미리 준비해요.

http://naver.me/xZDkjuRT

인공지능을 활용한 초등수학 지원 시스템

인공지능의 도움을 받아 수학 공부를 좀 더 재미있고 쉽게 할 수 있다면 얼마나 좋을까요? 인공지능을 활용한 초등수학 지원 시스템(https://www.toctocmath.kr/)인 〈똑똑! 수학 탐험대〉는 학생 개인별 수학 학습 데이터를 수집하고 AI 시스템이 이를 분석해 각 개인에 적합한 맞춤형 처방 및 보상을 제공하며 수학 학습을 도와줍니다. 전국 초등학교 1~2학년 학생들을 대상으로 무료로 서비스되는 AI 수학 교육 플랫폼으로 게이미피케이션(Gamification) 기법을 활용해 학생들이 수학에 흥미와 관심을 가지고 자연스럽게 학습할 수 있도록 합니다.

현실에서 일어날 상황을 가상으로 체험하거나 특정 문제를 해결하는 방안을 찾기 위해 개발된 기능성 게임 기법을 적용해 학생들이 문제해결에 몰입할 수 있도록 하고, 보석을 획득하거나 멸종동물 카드를 수집 및 강화하며 지속적으로 학습에 임할 수 있도록 하고 있지요. 특히 학습 콘텐츠에서는 수학적 개념과 원리를 쉽게 이해할 수 있도록 시각화된 그림에서 추상화된 기호나 수식 등을 단계적으로 제시하고 있는데, 이는 학생들의 발달 단계를 고려한 구성입니다. 이뿐만 아니라 인공지능의 알고리즘으로 학생들의 학습 데이터를 분석하여 학습 결손을 예측하고, 이에 맞는 학습 콘텐츠를 제공함으로써 학습 이력을 누적 관리하고 있습니다.

사물 인식 기술을 활용해 직접 구 모양을 찾아보는 게임 프로그램을 만들어 보는 활동이 인공지능의 기술을 직접 문제해결 과정에 적용한 것이라면 〈똑똑! 수학 탐험대〉처럼 인공지능 기술이 적용된 교육 플랫폼을 활용해 타 교과 공부에 도움을 받는 것도 인공지능 교육이라고 할 수 있습니다. 이렇게 다양한 방법으로 응용되는 인공지능 기술의 발전은 앞으로도 여러분들의 공부에 많은 도움이 될 수 있겠죠? 인공지능을 활용한 게임 프로그램을 더 열심히 만들어 보도록 해요!

이미지 출처 https://www.toctocmath.kr/

Section 05

사회 게임

AI 그림 퀴즈

엔트리의 읽어주기와 음성 인식 기술을 활용해 사회와 관련된 그림을 보고
이를 음성으로 알아맞히는 AI 그림 퀴즈 게임 프로그램을 만들어요.

수업 길잡이

난이도 ★★★☆☆
소요시간 20분 이상
학습영역 인공지능의
원리와 활용
준비물 PC 또는 노트북,
사이트 주소 알기
(https://playentry.org/)

AI 프로그래밍을 준비해요!

활동 목표
엔트리의 음성 인식을 활용한 AI 그림 퀴즈
게임 프로그램 만들기

활동 약속
정답을 말할 때 발음 정확하게 하기

관련 교과를 확인해요!

관련 교과 및 단원
• 6학년 〉 2학기 〉 실과 〉 4. 소프트웨어와 생
활 〉 03. 프로그래밍 요소와 구조
• 6학년 〉 2학기 〉 사회 〉 국정 〉 1. 세계 여러
나라의 자연과 문화 〉 2. 세계의 다양한 삶의
모습

이 게임은
음성 인식

이 활동은 엔트리의 읽어주기와 음성 인식 기능을 활용해 제시된 그림 카드를 보면서 문제를 듣고
음성으로 정답을 맞히는 AI 그림 퀴즈 게임 프로그램입니다. 인공지능의 음성 합성 기술을 활용해 퀴
즈 문제를 읽어 주고, 사용자의 음성을 텍스트로 바꿔 정답인지를 확인하는 프로그램을 만들 수 있
습니다.

❶ 〈인공지능〉 카테고리를 클릭한 후 [인공지능 블록 불러오기] 버튼을 누릅니다.

❷ 〈오디오 감지〉와 〈읽어주기〉를 선택한 후 [추가] 버튼을 클릭합니다.

❸ 기본 오브젝트인 '엔트리봇'은 삭제하고, 오브젝트 추가하기를 눌러 '교실' 배경 오브젝트를 추가합니다.

❹ '선생님(3)' 오브젝트를 추가하여 '교실' 배경 오브젝트의 오른쪽 하단에 위치하도록 합니다.

5 이번에는 글상자 오브젝트를 추가합니다.

① 오브젝트 추가하기에서 글상자를 선택합니다.

② "그림 퀴즈 시작"을 입력합니다.

③ 글꼴을 다양하게 설정할 수 있고, 진하게 하거나 밑줄 긋기, 글상자 채우기 등 여러 가지 효과를 줄 수 있습니다.

④ 글상자 오브젝트의 채우기 색은 없음으로 해줍니다.

⑤ [적용하기] 버튼을 누릅니다.

6 추가한 '그림 퀴즈 시작' 글상자 오브젝트의 위치를 예시처럼 하고, 장면1에 마우스 커서를 가져가 오른쪽 버튼을 눌러 [복제하기]를 선택합니다. 복제한 장면1의 이름을 장면2로 바꾸어 줍니다.

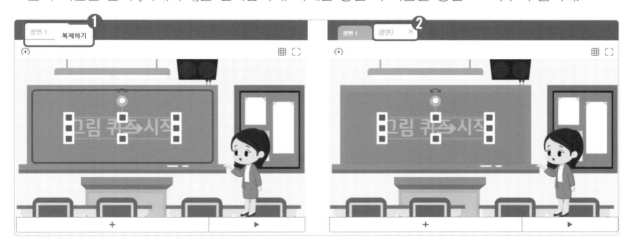

7 장면2에서 '그림 퀴즈 시작' 글상자 오브젝트는 삭제하고, 새로운 오브젝트를 추가합니다.

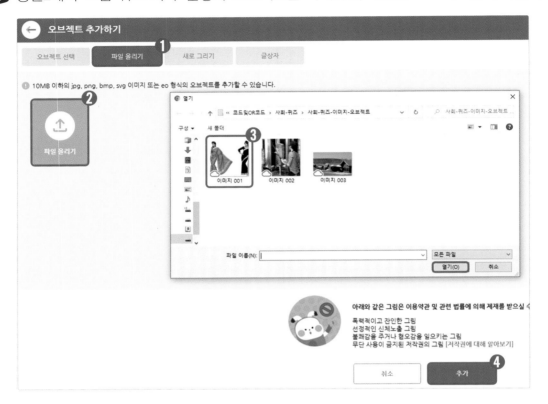

❶ 오브젝트 추가하기를 누른 뒤 파일 올리기 탭을 선택합니다.

❷ [파일 올리기] 버튼을 누릅니다.

❸ 미리 저장해 둔 사회 그림 퀴즈 이미지 중 1개를 선택한 후 [열기]를 클릭합니다. 직접 인터넷에 검색해서 찾아 둔 세계 문화 관련 이미지나 영진닷컴 홈페이지(https://www.youngjin.com/reader/pds/pds.asp)에서 다운로드한 이미지 오브젝트를 활용합니다. (이 예제에서는 인도, 터키, 러시아 관련 이미지를 사용하고 있습니다.)

❹ [추가]를 클릭합니다.

⁸ 추가한 '이미지 001' 오브젝트의 크기와 위치를 아래 예시처럼 설정하고, 장면2에 마우스 커서를 가져가 오른쪽 버튼을 눌러 [복제하기]를 선택합니다.

⁹ 같은 방법으로 장면3과 장면4를 추가합니다.

⓾ 장면1의 '선생님' 오브젝트를 선택한 상태에서 코드를 작성합니다. 프로그램이 시작되었을 때 음성으로 퀴즈 시작을 안내하도록 〈시작〉의 [시작하기 버튼을 클릭했을 때] 블록 아래에 〈인공지능〉–〈읽어주기〉의 [(여성) 목소리를 (보통) 속도 (보통) 음높이로 설정하기] 블록 1개와 [(엔트리) 읽어주고 기다리기] 블록 2개를 연결합니다. 그리고 (엔트리) 대신 (AI 그림 퀴즈를 시작합니다.)와 (그림 퀴즈 시작 버튼을 눌러 주세요.)를 각각 입력합니다.

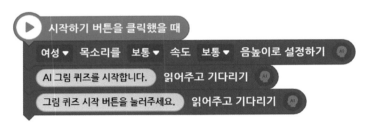

⓫ 장면1의 '그림 퀴즈 시작' 글상자 오브젝트를 선택한 상태에서 코드를 작성합니다. 〈시작〉의 [오브젝트를 클릭했을 때] 블록 아래에 [(다음) 장면 시작하기] 블록을 연결합니다.

⓬ 속성 탭으로 가서 [변수]를 클릭한 뒤 [변수 추가하기] 버튼을 누릅니다. 변수의 이름을 "기회"와 "점수"로 각각 정하고 눈을 뜬 모양을 클릭해 화면에 보이도록 합니다.

⓭ 장면2의 '선생님' 오브젝트를 선택한 상태에서 코드를 작성합니다.

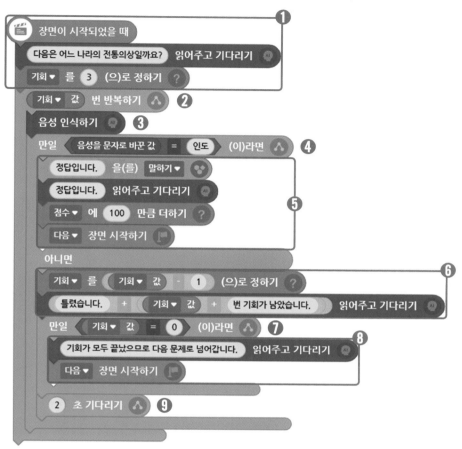

❶ 〈시작〉의 [장면이 시작되었을 때] 블록 아래에 〈인공지능〉−〈읽어주기〉의 [(엔트리) 읽어주고 기다리기] 블록을 연결한 후 (엔트리) 대신 (다음은 어느 나라의 전통의상일까요?)를 입력합니다. 그리고 〈자료〉의 [(기회)를 (10)으로 정하기] 블록을 가져와 (10) 대신 (3)으로 고칩니다.

❷ 〈흐름〉의 [(10)번 반복하기] 블록을 연결하고 (10) 대신 〈자료〉의 [(기회)값] 블록을 넣습니다.

❸ [(기회값)번 반복하기] 블록 속에 〈인공지능〉−〈오디오 감지〉의 [음성 인식하기] 블록을 넣습니다.

❹ 〈흐름〉의 [만일 (참)이라면, 아니면] 블록을 연결한 뒤 (참) 속에 〈판단〉의 [(10)=(10)] 블록을 넣습니다. 왼쪽 (10)에는 〈인공지능〉−〈오디오 감지〉의 [음성을 문자로 바꾼 값] 블록을 넣고, 오른쪽 (10)에는 (인도)를 입력합니다.

❺ 조건이 참이라면 정답임을 알려 주기 위해 〈생김새〉의 [(안녕!)을 (말하기)] 블록과 〈인공지능〉−〈읽어주기〉의 [(엔트리) 읽어주고 기다리기] 블록을 연결하고, (안녕!)과 (엔트리)에 모두 (정답입니다.)를 입력합니다. 이어서 〈자료〉의 [(점수)에 (10)만큼 더하기]를 연결하고 (10) 대신 (100)을 입력한 뒤 〈시작〉의 [(다음) 장면 시작하기] 블록을 연결합니다.

❻ 조건이 참이 아니면, 즉 정답이 아니라면 〈자료〉의 [(기회)를 (10)으로 정하기] 블록을 연결하고, (10) 대신 〈계산〉의 [(10)-(10)] 블록을 넣습니다. 왼쪽 (10)에는 〈자료〉의 [(기회)값] 블록을 넣고, 오른쪽 (10)에는 (1)을 입력합니다. 이어서 〈인공지능〉-〈읽어주기〉의 [(엔트리) 읽어주고 기다리기] 블록을 연결하고 (엔트리) 자리에 〈계산〉의 [(10)+(10)] 블록을 2개 가져와 연결합니다. 첫 번째 (10)에는 (틀렸습니다.)를, 두 번째 (10)에는 〈자료〉의 [(기회)값] 블록을, 세 번째 (10)에는 (번 기회가 남았습니다.)를 각각 입력하거나 넣습니다.

❼ 정해진 수만큼의 기회가 모두 끝났을 경우 다른 문제로 넘어가기 위해 〈흐름〉의 [만일 (참)이라면] 블록을 연결하고, (참) 속에 〈판단〉의 [(10)=(10)] 블록을 넣습니다. 왼쪽 (10)에는 〈자료〉의 [(기회)값] 블록을 넣고, 오른쪽 (10)에는 (0)을 입력합니다.

❽ 〈인공지능〉-〈읽어주기〉의 [(엔트리) 읽어주고 기다리기] 블록을 연결하고 (엔트리) 대신 (기회가 모두 끝났으므로 다음 문제로 넘어갑니다.)를 입력합니다. 다음 장면을 시작하기 위해 〈시작〉의 [(다음) 장면 시작하기] 블록을 연결해 줍니다.

❾ 각 기회 사이에 약간의 딜레이 시간을 주기 위해 [만일 (기회)값 = (0)이라면] 블록 바깥에 〈흐름〉의 [(2)초 기다리기] 블록을 연결합니다.

⑭ 장면3의 '선생님' 오브젝트를 선택한 상태에서 코드를 작성합니다. 장면2의 '선생님' 오브젝트와 코드가 거의 동일하므로 코드를 복사하여 붙여넣고 다른 부분만 바꿔 줍니다.

❶ [(다음은 어느 나라의 전통의상일까요?) 읽어주고 기다리기] 블록에서 (다음은 어느 나라의 전통의상일까요?)를 (다음은 어느 나라의 전통음식일까요?)로 바꿔 줍니다.

❷ [(음성을 문자로 바꾼 값)=(인도)] 블록에서 (인도)를 (터키)로 바꿔 줍니다. 나머지 코드는 모두 장면2 '선생님' 오브젝트의 코드와 동일합니다.

⓯ 장면4의 '선생님' 오브젝트를 선택한 상태에서 코드를 작성합니다. 장면2 또는 장면3의 '선생님' 오브젝트와 코드가 거의 동일하므로 코드를 복사하여 붙여넣고 다른 부분만 바꿔 줍니다.

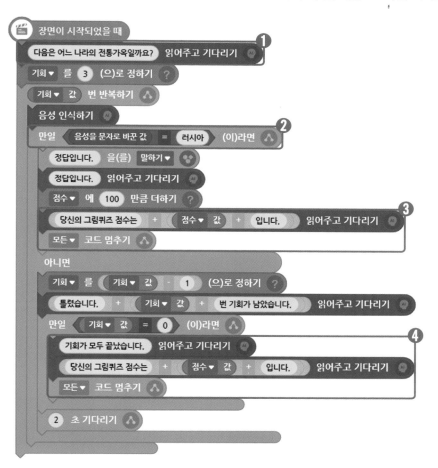

❶ [(다음은 어느 나라의 전통음식일까요?) 읽어주고 기다리기] 블록에서 (다음은 어느 나라의 전통음식일까요?)를 (다음은 어느 나라의 전통가옥일까요?)로 바꿔 줍니다.

❷ [(음성을 문자로 바꾼 값)=(터키)] 블록에서 (터키)를 (러시아)로 바꿔 줍니다.

❸ 더이상 다른 문제가 남아있지 않으므로 [(다음) 장면 시작하기] 블록을 삭제하고, 획득한 점수를 알려 주기 위해 〈인공지능〉−〈읽어주기〉의 [(엔트리) 읽어주고 기다리기] 블록을 연결합니다. (엔트리) 자리에 〈계산〉의 [(10)+(10)] 블록 2개를 가져와 연결하고 첫 번째 (10)에는 (당신의 그림퀴즈 점수는)을, 두 번째 (10)에는 〈자료〉의 [(점수)값] 블록을, 세 번째 (10)에는 (입니다.)를 각각 입력하거나 넣습니다. 그리고 〈흐름〉의 [(모든) 코드 멈추기] 블록을 연결합니다.

❹ 정답을 맞히지 못한 경우에도 마찬가지로 그림 퀴즈 문제가 모두 끝났으므로 [(다음) 장면 시작하기] 블록을 삭제하고, [(기회가 모두 끝났으므로 다음 문제로 넘어갑니다.) 읽어주고 기다리기] 블록 아래에 〈인공지능〉–〈읽어주기〉의 [(엔트리) 읽어주고 기다리기] 블록을 하나 더 연결합니다. (기회가 모두 끝났으므로 다음 문제로 넘어갑니다.) 대신 (기회가 모두 끝났습니다.)를 입력하고, (엔트리) 자리에 〈계산〉의 [(10)+(10)] 블록 2개를 가져와 차례로 연결합니다. 첫 번째 (10)에는 (당신의 그림퀴즈 점수는)을, 두 번째 (10)에는 〈자료〉의 [(점수)값] 블록을, 세 번째 (10)에는 (입니다.)를 각각 입력하거나 넣습니다. 그리고 〈흐름〉의 [(모든) 코드 멈추기] 블록을 연결합니다.

⓰ 프로그램이 완성되었다면 [시작하기] 버튼을 눌러서 AI 그림 퀴즈 게임을 실행해 봅니다.

AI 그림 퀴즈에 도전하고
프로그램이 잘 실행되지 않는다면 완성된 작품을 참고해요.
정답을 말할 때는 큰 소리로 발음을 정확하게 해요.

http://naver.me/5TvRxC4G

세계의 문화

다른 나라를 여행해 본 적이 있나요? 세계의 여러 나라를 여행하다 보면 나라마다 각기 다른 다양한 생활 모습을 볼 수 있습니다. 특히 이런 다양한 생활 모습은 의식주를 통해 확인할 수 있지요. 먼저 의생활부터 살펴볼까요? 베트남처럼 덥고 비가 많이 내리는 지역에서는 바람이 잘 통하는 긴 옷을 입고 챙이 넓은 모자를 씁니다. 페루처럼 낮과 밤의 기온 차가 큰 지역은 낮의 뜨거운 햇볕을 막고 밤의 추위를 견디기 위해 망토와 같은 긴 옷을 걸치고 모자를 쓰지요.

다음은 식생활을 살펴봅시다. 산이 많은 스위스에서는 젖소를 많이 키우기 때문에 여러 종류의 치즈를 이용한 음식이 많습니다. 바다로 둘러싸인 나라의 경우, 일본의 초밥이나 영국의 피시 앤 칩스처럼 생선을 이용한 음식이 많습니다. 또한 날씨가 덥고 습한 열대 기후 지역에 위치한 필리핀과 같은 나라는 파인애플, 바나나, 망고 등의 열대 과일을 이용한 볶음밥이나 주스가 많습니다.

그렇다면 주생활은 어떨까요? 화산 폭발이 있었던 터키와 같은 국가에서는 화산 폭발로 만들어진 단단하지 않은 바위의 속을 파서 지은 동굴집에서 삽니다. 주변 숲에서 통나무를 쉽게 구할 수 있는 러시아의 경우 이즈바라는 통나무집이 많지요. 유목 생활을 하는 몽골의 경우 이동에 편리한 천막집인 게르에서 살고, 고온 다습한 지역인 캄보디아의 경우 무더위와 벌레를 피하기 위해 강이나 호수 위에 짓는 수상 가옥에서 삽니다.

AI 그림 퀴즈 프로그램을 만든 것처럼 세계 곳곳의 다양한 문화를 퀴즈 게임 프로그램으로 만들어 보면 어떨까요? 본 활동에서는 3개 문제만 퀴즈로 제시했지만 내가 가고 싶은 나라, 좋아하는 나라의 생활 모습과 문화를 공부해 추가로 문제를 만들어 보세요.

태국의 수상 가옥

실과 게임

먹고 또 먹고!

엔트리의 얼굴 인식 기술을 활용해 허공에 떠다니는 음식의 위치에 입술을 가져갔을 때 음식을 먹을 수 있는 AI 실과 게임 프로그램을 만들어요.

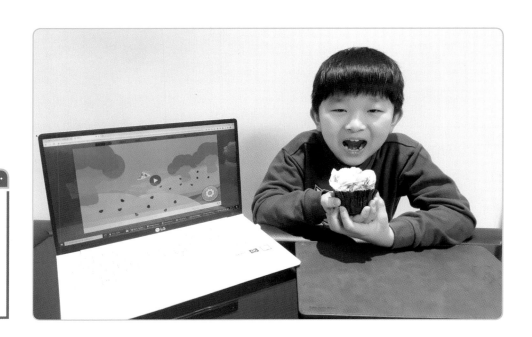

수업 길잡이

난이도 ★★★★☆
소요시간 30분 이상
학습영역 인공지능의 원리와 활용
준비물 PC 또는 노트북, 사이트 주소 알기 (https://playentry.org/)

AI 프로그래밍을 준비해요!

활동 목표
엔트리의 얼굴 인식을 이해하고 AI 실과 게임 프로그램 만들기

활동 약속
입을 크게 벌려 음식 먹기 게임하기

관련 교과를 확인해요!

관련 교과 및 단원
• 6학년 〉 2학기 〉 실과 〉 4. 소프트웨어와 생활 〉 03. 프로그래밍 요소와 구조
• 5학년 〉 공통학기 〉 실과 〉 금성/류청산 〉 5. 가정생활과 생활 안전 〉 1. 균형 잡힌 식생활

이 게임은

이 활동은 엔트리의 얼굴 인식 기술을 활용해 입술의 좌표로 음식 오브젝트를 먹을 수 있는 AI 게임 프로그램입니다. 인공지능의 얼굴 인식 기술을 활용해 얼굴의 각 좌표를 찾고 특정한 동작을 구현하게 하면서 재미있는 게임 프로그램을 만들 수 있음을 알 수 있습니다.

❶ 〈인공지능〉 카테고리를 클릭한 후 [인공지능 블록 불러오기] 버튼을 누릅니다.

❷ 〈비디오 감지〉를 선택한 후 [추가] 버튼을 클릭합니다.

❸ 기본 오브젝트인 '엔트리봇'은 삭제하고, 오브젝트 추가하기를 눌러 '음식나라' 배경 오브젝트를 추가합니다.

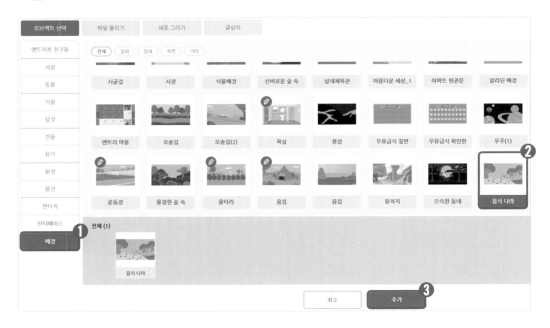

❹ 추가한 '음식나라' 배경 오브젝트 위로 '조각 피자' 오브젝트와 '설정 버튼' 오브젝트를 각각 추가하고 적당한 위치에 배치합니다.

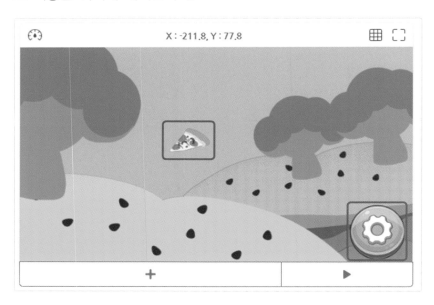

❺ '조각 피자' 오브젝트를 선택한 상태에서 모양 탭으로 가 [모양 추가하기]를 클릭합니다. '햄버거', '조각 케이크', '자장면' 등 다양한 음식 오브젝트를 추가합니다.

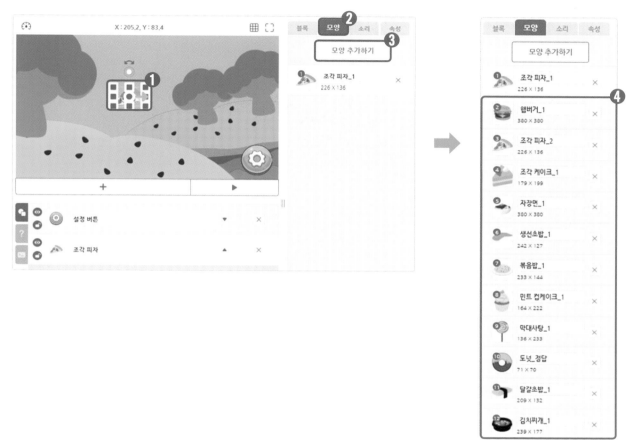

❻ '음식나라' 배경 오브젝트를 선택한 상태에서 블록 탭의 〈시작〉의 [시작하기 버튼을 클릭했을 때] 블록을 가져옵니다. 〈생김새〉의 [(투명도) 효과를 (100)으로 정하기] 블록을 연결한 뒤 (100) 대신 (60)을 입력하여 화면을 반투명하게 만들어 줍니다.

7 '설정 버튼' 오브젝트를 선택한 상태에서 다음과 같이 코드를 작성합니다.

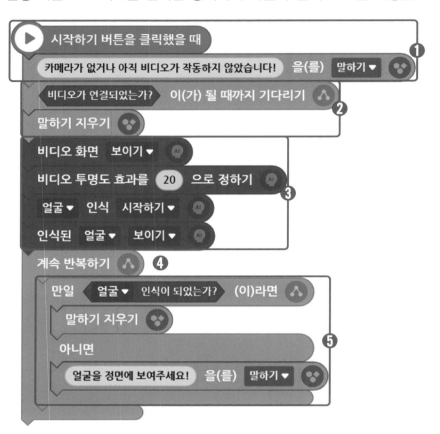

❶ 〈시작〉의 [시작하기 버튼을 클릭했을 때] 블록 아래에 〈생김새〉의 [(안녕!)을 (말하기)] 블록을 연결한 뒤 (안녕!) 대신에 (카메라가 없거나 아직 비디오가 작동하지 않았습니다!)를 입력합니다.

❷ 〈흐름〉의 [(참)이 될 때까지 기다리기] 블록을 연결하고 (참) 대신에 〈인공지능〉–〈비디오 감지〉의 [비디오가 연결되었는가?] 블록을 넣어 줍니다. 비디오가 연결되면 말하기 블록이 없어지도록 〈생김새〉의 [말하기 지우기] 블록을 연결합니다.

❸ 〈인공지능〉–〈비디오 감지〉의 [비디오 화면 (보이기)]와 [비디오 투명도 효과를 (0)으로 정하기] 블록을 차례대로 연결하고 (0) 대신 (20)을 입력해 줍니다. 그리고 얼굴 인식을 시작하도록 〈인공지능〉–〈비디오 감지〉의 [(얼굴) 인식 (시작하기)]와 [인식된 (얼굴) (보이기)] 블록을 차례대로 연결합니다.

❹ 〈흐름〉의 [계속 반복하기] 블록을 연결합니다.

❺ [계속 반복하기] 블록 속에 〈흐름〉의 [만일 (참)이라면, 아니면] 블록을 넣습니다. (참) 대신 〈인공지능〉–〈비디오 감지〉의 [(얼굴) 인식이 되었는가?] 블록을 넣고, 참일 때, 즉 얼굴 인식이 되었을 때 말하기 블록이 없어지도록 〈생김새〉의 [말하기 지우기] 블록을 넣습니다. 아니면 아래에는 〈생김새〉의 [(안녕!)을 (말하기)] 블록을 넣고 (안녕!) 대신에 (얼굴을 정면에 보여주세요!)를 입력합니다.

⑧ '조각 피자' 오브젝트를 선택한 상태에서 다음과 같이 코드를 작성합니다.

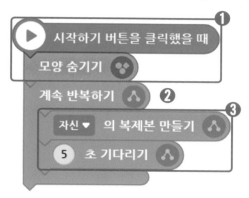

❶ 프로그램이 시작되었을 때 모양이 안 보이도록 〈시작〉의 [시작하기 버튼을 클릭했을 때] 블록 아래에 〈생김새〉의 [모양 숨기기] 블록을 연결합니다.

❷ 〈흐름〉의 [계속 반복하기] 블록을 연결합니다.

❸ [계속 반복하기] 블록 속에 〈흐름〉의 [(자신)의 복제본 만들기]와 [(2)초 기다리기] 블록을 차례대로 연결하고 (2) 대신 (5)를 입력해 줍니다.

⑨ '조각 피자' 오브젝트를 선택한 상태에서 계속해서 코드를 추가합니다.

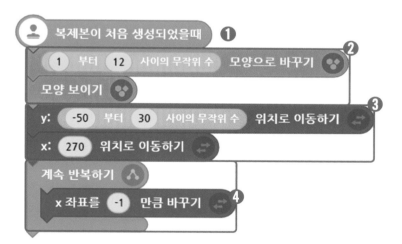

❶ 〈흐름〉의 [복제본이 처음 생성되었을 때] 블록을 가져옵니다.

❷ 〈생김새〉의 [(조각 피자_1) 모양으로 바꾸기] 블록을 연결합니다. 추가된 여러 모양 중 무작위로 모양이 바뀌도록 (조각 피자_1) 대신 〈계산〉의 [(0)부터 (10) 사이의 무작위 수] 블록을 넣어 줍니다. 총 12개의 모양이 있으므로 (0) 대신 (1)을, (10) 대신 (12)를 입력해 1번 모양부터 12번 모양까지 무작위로 바뀌도록 합니다. 그리고 모양이 보이도록 〈생김새〉의 [모양 보이기] 블록을 연결합니다.

❸ 화면에 나타나는 오브젝트의 위치를 정해 주기 위해 〈움직임〉의 [Y:(10) 위치로 이동하기]와 [X:(10) 위치로 이동하기] 블록을 차례대로 연결합니다. Y 좌푯값에는 〈계산〉의 [(0)부터 (10) 사이의 무작위 수] 블록을 넣어 주고 (0) 대신 (−50)을, (10) 대신 (30)을 입력합니다. X 좌푯값은 (10) 대신 (270)을 입력합니다.

❹ 초깃값을 270으로 정한 X 좌푯값이 왼쪽으로 조금씩 이동할 수 있게 〈흐름〉의 [계속 반복하기] 블록을 가져와 그 속에 〈움직임〉의 [X 좌표를 (10)만큼 바꾸기] 블록을 넣고 (10) 대신 (−1)을 입력합니다.

⑩ '조각 피자' 오브젝트를 선택한 상태에서 계속해서 코드를 추가합니다.

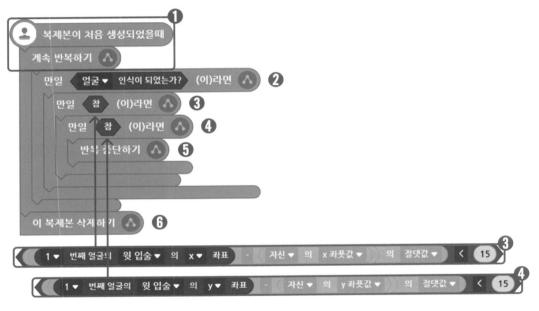

❶ 〈흐름〉의 [복제본이 처음 생성되었을 때]와 [계속 반복하기] 블록을 가져와 연결합니다.

❷ [계속 반복하기] 블록 속에 〈흐름〉의 [만일 (참)이라면] 블록을 넣고, (참) 대신 〈인공지능〉–〈비디오 감지〉의 [(얼굴) 인식이 되었는가?] 블록을 넣습니다.

❸ 그 속에 다시 〈흐름〉의 [만일 (참)이라면] 블록을 넣고 (참) 대신 〈인공지능〉–〈비디오 감지〉의 [(1)번째 얼굴의 (윗 입술)의 (X) 좌표]에서 [(자신)의 (X 좌푯값)]을 뺀 것의 절댓값이 15보다 작다는 조건 블록을 만들어 넣어 줍니다.

❹ 또다시 〈흐름〉의 [만일 (참)이라면] 블록을 넣고 (참) 대신 〈인공지능〉–〈비디오 감지〉의 [(1)번째 얼굴의 (윗 입술)의 (Y) 좌표]에서 [(자신)의 (Y 좌푯값)]을 뺀 것의 절댓값이 15보다 작다는 조건 블록을 만들어 넣어 줍니다.

❺ 위의 조건을 모두 만족하는 경우, 즉 얼굴이 인식된 상태에서, 입술의 위치와 음식 오브젝트의 위치가 비슷할 때 음식을 먹는 것처럼 보이게 하려면 음식 오브젝트가 움직임을 멈춘 후 사라지도록 해야 합니다. 우선 〈흐름〉의 [반복 중단하기] 블록을 넣어 줍니다.

❻ 〈흐름〉의 [이 복제본 삭제하기] 블록을 가져와 [계속 반복하기] 블록 밖에 연결해 줍니다.

11 프로그램이 완성되었다면 [시작하기] 버튼을 눌러서 음식을 먹고 또 먹어 봅시다.

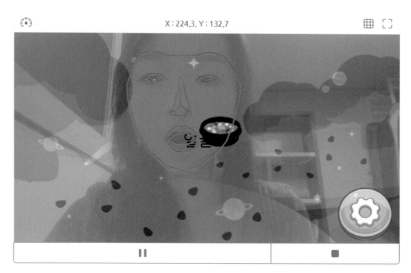

얼굴을 정면을 잘 바라보되,
음식 오브젝트가 있는 곳으로
입을 가져가세요.

http://naver.me/5CzfLcrB

균형 잡힌 식단이란?

건강한 생활을 하기 위해서는 운동도 중요하지만 균형 있는 식단 역시 매우 중요합니다. 그렇다면 균형 있는 식단이란 무엇일까요? 균형 있는 식단의 제일 중요한 점은 영양소를 골고루 갖춘 식단이라는 것입니다. 우리 몸에는 다양한 영양소가 필요합니다. 주영양소인 탄수화물, 지방, 단백질은 물론, 인체의 생리 기능을 조절하는 무기 염류, 비타민, 물과 같은 부영양소까지 골고루 먹어야 하죠. 3대 영양소의 이상적인 섭취 비율은 탄수화물의 경우 55~60%, 단백질은 15~20%, 지방은 20~25%입니다. 즉, 양질의 영양소를 섭취하는 것 못지않게 비율에 맞춰 골고루 섭취하는 것이 중요합니다. 원푸드 다이어트처럼 한 가지 음식에 치우친 식단은 영양의 불균형을 초래하기 때문에 건강한 식단이라 보기 어렵습니다.

또한, 같은 식품군이라도 그 속에 들어 있는 영양소의 종류와 함량은 각기 다릅니다. 예를 들어 같은 채소군이라도 아침에 시금치를 먹었다면 오후에는 양파나 당근 등 다른 채소를 섭취하는 것이 좋고, 아무리 몸에 좋은 식품이라 하더라도 권장 섭취량만큼, 즉 적절하게 양을 조절하여 먹는 연습이 필요합니다. 이렇게 균형 잡힌 식단을 공부할 때 인공지능 게임 프로그램을 만들어 보면 어떨까요? 우리가 앞에서 인공지능의 얼굴 인식 기술을 활용해 만든 '먹고 또 먹고!' 같은 게임 프로그램은 음식에 대한 관심이나 흥미를 유발할 수 있습니다. 또한, 이를 응용해 먹은 음식만큼 칼로리를 계산하거나 정해진 칼로리에 가장 가까운 값만큼 음식 오브젝트를 먹었을 때 점수를 얻는 게임 프로그램을 만들다 보면 프로그래밍 실력은 물론 균형 잡힌 식사를 할 수 있는 역량 또한 키울 수 있지 않을까요?

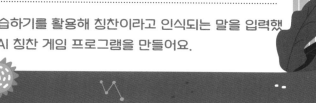

국어 게임

칭찬 Yes! 비난 No!

엔트리의 인공지능 모델 학습하기를 활용해 칭찬이라고 인식되는 말을 입력했을 때 점수를 얻을 수 있는 AI 칭찬 게임 프로그램을 만들어요.

수업 길잡이

난이도 ★★★★☆
소요시간 30분 이상
학습영역 인공지능의 사회적 영향
준비물 PC 또는 노트북, 사이트 주소 알기 (https://playentry.org/)

AI 프로그래밍을 준비해요!

활동 목표

엔트리의 모델 학습을 이해하고 AI 칭찬 게임 프로그램 만들기

활동 약속

텍스트 데이터 스스로 입력하기

관련 교과를 확인해요!

관련 교과 및 단원

• 6학년 〉 2학기 〉 실과 〉 4. 소프트웨어와 생활 〉 03. 프로그래밍 요소와 구조
• 2학년 〉 2학기 〉 국어 〉 국어 2-2 ㉯/국어 활동 2-2 ㉯ 〉 10. 칭찬하는 말을 주고받아요

이 게임은

이 활동은 엔트리의 인공지능 모델 학습하기를 활용해 칭찬하는 말과 비난하는 말을 학습시켜 머신러닝 모델을 완성하고 AI 칭찬 게임 프로그램을 만드는 활동입니다. 인공지능이 학습을 통해 텍스트를 구분할 수 있음을 이해하고, 이를 활용해 사회에 도움이 되는 프로그램을 만들어 봅니다.

1 〈인공지능〉 카테고리를 클릭한 후 [인공지능 모델 학습하기] 버튼을 누릅니다.

2 분류: 이미지, 분류: 텍스트, 분류: 음성, 분류: 숫자, 예측: 숫자, 군집: 숫자 데이터 중 〈분류: 텍스트〉
를 선택합니다.

❸ 〈분류: 텍스트〉 데이터를 활용한 머신러닝 모델을 만들어 봅니다.

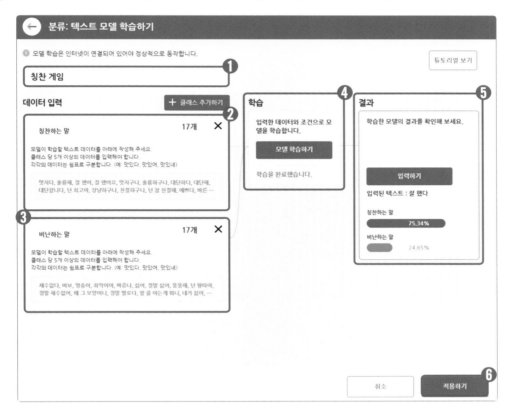

❶ 머신러닝 모델의 이름은 〈칭찬 게임〉으로 정합니다. 여러분이 원하는 이름을 붙여도 좋습니다.

❷ 데이터 입력 아래 클래스 1에는 〈칭찬하는 말〉이라 이름을 입력하고, 칭찬하는 말과 관련된 텍스트를 입력합니다. 텍스트를 입력할 때는 쉼표(,)로 연결해야 하며 5개 이상의 데이터를 입력해야 합니다. 예 멋지다, 잘했구나, 훌륭해 등

❸ 클래스 2에는 〈비난하는 말〉이라 이름을 입력하고, 비난하는 말과 관련된 텍스트를 입력합니다. 클래스 1에 입력한 데이터의 수와 비슷하게 입력합니다. 예 최악이야, 싫어, 별로구나 등

❹ 데이터 입력이 모두 완료되면 [모델 학습하기] 버튼을 누릅니다. 학습이 완료되면 "학습을 완료했습니다."라는 메시지가 보입니다.

❺ 학습을 잘했는지 확인하기 위해 결과에 원하는 말을 넣습니다. 예를 들어 "잘했다"를 입력하면 75.34% 칭찬하는 말로 판단하고 있음을 알 수 있습니다. (결과값이 책에 있는 수치와 조금 다르게 나타나도 괜찮습니다. 단, 결과가 다른 클래스로 나타날 경우에는 머신러닝 모델에 데이터를 더 많이 학습시키거나 결과에 다른 말을 입력해서 진행합니다.)

❻ 제대로 학습하였으므로 [적용하기] 버튼을 눌러 줍니다.

④ 기본 오브젝트인 '엔트리봇'은 삭제하고, 오브젝트 추가하기를 눌러 '얼굴(여)'를 추가합니다.

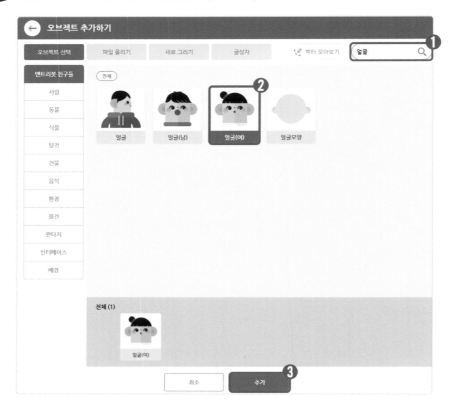

⑤ 이번에는 글상자 오브젝트를 추가하는 방법을 살펴봅니다.

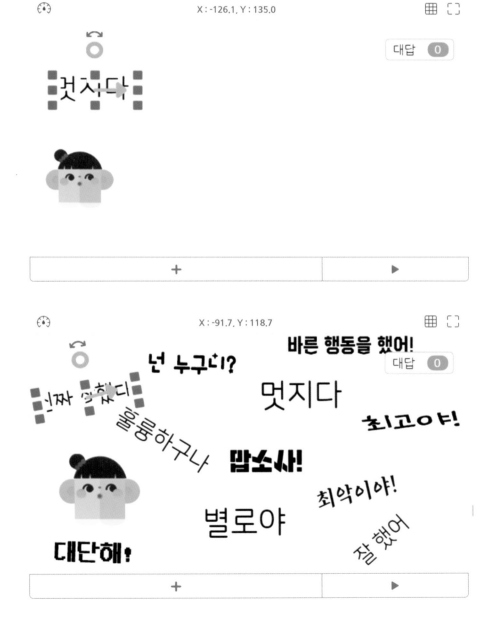

❶ 오브젝트 추가하기에서 글상자를 선택합니다.

❷ 칭찬하는 말을 하나 입력합니다. 예를 들어 '멋지다, 훌륭해, 최고야' 등을 입력할 수 있습니다.

❸ 글꼴을 다양하게 설정할 수 있고, 진하게 하거나 밑줄을 긋는 등 여러 가지 효과를 줄 수 있습니다.

❹ [적용하기] 버튼을 누릅니다.

6 화면에 추가된 글상자가 보입니다. 10개 정도의 글상자를 더 추가해 화면에 적절하게 배치합니다. 칭찬하는 말과 비난하는 말이 골고루 보이도록 하고, 글꼴이나 크기도 다양하게 해 줍니다.

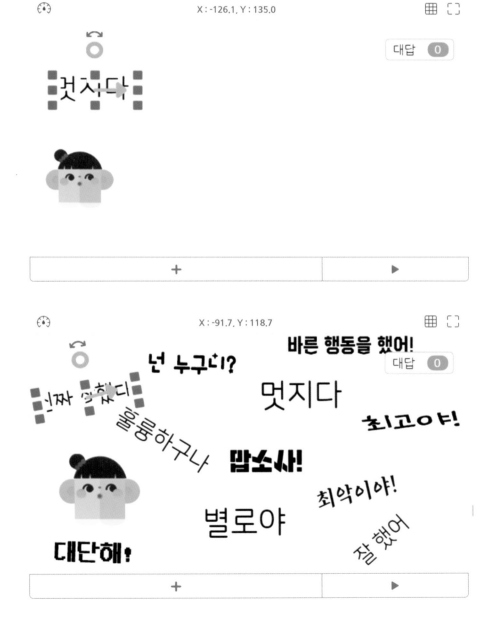

7 '얼굴(여)' 오브젝트를 선택한 뒤 다음과 같이 코드를 작성합니다.

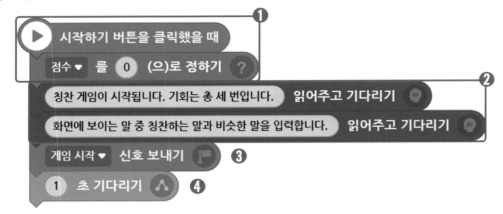

① 속성 탭에서 "점수" 변수를 추가합니다. 그리고 〈시작〉의 [시작하기 버튼을 클릭했을 때] 블록 아래에 〈자료〉의 [(점수)를 (10)으로 정하기] 블록을 가져와 연결한 뒤 (10) 대신 (0)으로 바꿔 줍니다.

② 〈인공지능〉의 [인공지능 블록 불러오기]에서 〈읽어주기〉를 추가한 뒤 〈인공지능〉–〈읽어주기〉의 [(엔트리) 읽어주고 기다리기] 블록을 2개 연결합니다. 그리고 (엔트리) 대신 (칭찬 게임이 시작됩니다. 기회는 총 세 번입니다.)와 (화면에 보이는 말 중 칭찬하는 말과 비슷한 말을 입력합니다.)를 각각 입력합니다.

③ 속성 탭에서 "게임 시작" 신호를 추가합니다. 그리고 〈시작〉의 [(게임 시작) 신호 보내기] 블록을 연결합니다.

④ 〈흐름〉의 [(2)초 기다리기] 블록을 가져와 (2) 대신 (1)로 바꿔 줍니다.

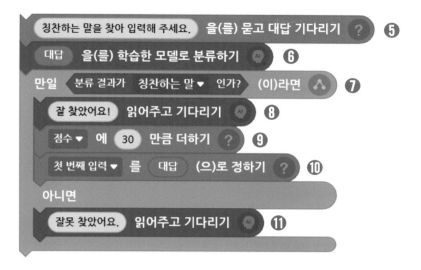

⑤ 이어서 코드를 작성합니다. 〈자료〉의 [(안녕!)을 묻고 대답 기다리기] 블록을 연결하고, (안녕!) 대신에 (칭찬하는 말을 찾아 입력해 주세요.)를 적어 줍니다.

⑥ 〈인공지능〉–〈분류: 텍스트 모델〉의 [(엔트리)를 학습한 모델로 분류하기] 블록을 가져와 연결합니다. 그리고 (엔트리) 대신 〈자료〉의 [대답] 블록을 넣어 줍니다.

⑦ 〈흐름〉의 [만약 (참)이라면, 아니면] 블록을 연결하고, (참) 속에 〈인공지능〉–〈분류: 텍스트 모델〉의 [분류 결과가 (칭찬하는 말)인가?] 블록을 가져와 넣어 줍니다.

⑧ 조건을 만족했을 때 잘 찾았다고 말해 주기 위해 〈인공지능〉–〈읽어주기〉의 [(엔트리) 읽어주고 기다리기] 블록을 연결하고, (엔트리) 대신 (잘 찾았어요!)를 적어 줍니다.

⑨ 〈자료〉의 [(점수)에 (10)만큼 더하기] 블록을 연결해 준 뒤 (10) 대신 (30)을 입력합니다.

⑩ 속성 탭에서 "첫 번째 입력" 변수를 추가합니다. 실행 화면에서 보이지 않도록 하려면 입력한 변수 이름 옆에 있는 눈 뜬 모양을 클릭해 눈 감은 모양으로 바꿔 줍니다. 그리고 〈자료〉의 [(첫 번째 입력)을 (10)으로 정하기] 블록을 가져온 뒤 (10) 대신 〈자료〉의 [대답] 블록을 넣어 줍니다.

⑪ 조건을 만족하지 못했을 때 말하도록 〈인공지능〉–〈읽어주기〉의 [(엔트리) 읽어주고 기다리기] 블록을 아니면 아래에 넣고, (엔트리) 대신 (잘못 찾았어요.)를 입력합니다.

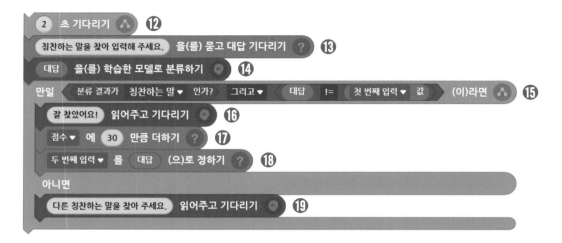

⑫ 계속해서 코드를 작성합니다. 〈흐름〉의 [(2)초 기다리기] 블록을 가져와 연결합니다.

⑬ 〈자료〉의 [(안녕!)을 묻고 대답 기다리기] 블록을 연결하고, (안녕!) 대신에 (칭찬하는 말을 찾아 입력해 주세요.)를 입력합니다.

⑭ 〈인공지능〉-〈분류: 텍스트 모델〉의 [(엔트리)를 학습한 모델로 분류하기] 블록을 가져와 연결하고, (엔트리) 대신에 〈자료〉의 [대답] 블록을 넣어 줍니다.

⑮ 〈흐름〉의 [만약 (참)이라면, 아니면] 블록을 연결하고 (참) 속에 〈판단〉의 [(참) 그리고 (참)] 블록을 가져와 넣어 줍니다. 왼쪽 (참)에는 〈인공지능〉-〈분류:텍스트 모델〉의 [분류 결과가 (칭찬하는 말)인가?] 블록을 넣고, 오른쪽 (참)에는 〈판단〉의 [(10)!=(10)] 블록을 넣습니다. 그리고 각각의 (10)에 〈자료〉의 [대답]과 [(첫 번째 입력)값] 블록을 차례대로 넣어 줍니다.

⑯ 조건을 만족했을 때 잘 찾았다고 말해 주기 위해 〈인공지능〉-〈읽어주기〉의 [(엔트리) 읽어주고 기다리기] 블록을 연결하고, (엔트리) 대신 (잘 찾았어요!)를 적어 줍니다.

⑰ 〈자료〉의 [(점수)에 (10)만큼 더하기] 블록을 연결해 준 뒤 (10) 대신 (30)을 입력합니다.

⑱ 속성 탭에서 "두 번째 입력" 변수를 추가합니다. 실행 화면에서 보이지 않도록 하려면 입력한 변수 이름 옆에 있는 눈 뜬 모양을 클릭해 눈 감은 모양으로 바꿔 줍니다. 그리고 〈자료〉의 [(두 번째 입력)을 (10)으로 정하기] 블록을 가져온 뒤 (10) 대신 〈자료〉의 [대답] 블록을 넣어 줍니다.

⑲ 조건을 만족하지 못했을 때 말하도록 〈인공지능〉-〈읽어주기〉의 [(엔트리) 읽어주고 기다리기] 블록을 아니면 아래에 넣고, (엔트리) 대신 (다른 칭찬하는 말을 찾아 주세요.)를 입력합니다.

㉑ 〈흐름〉의 [(2)초 기다리기] 블록을 가져와 계속해서 연결합니다.

㉑ 〈자료〉의 [(안녕!)을 묻고 대답 기다리기] 블록을 연결하고, (안녕!) 대신에 (칭찬하는 말을 찾아 입력해 주세요.)를 입력합니다.

㉒ 〈인공지능〉-〈분류: 텍스트 모델〉의 [(엔트리)를 학습한 모델로 분류하기] 블록을 가져와 연결하고, (엔트리) 대신에 〈자료〉의 [대답] 블록을 넣어 줍니다.

㉓ 〈흐름〉의 [(만약 (참)이라면, 아니면] 블록을 연결합니다. 그리고 (참) 속에 [분류 결과가 (칭찬하는 말)인가?]와 [대답]의 값이 [(첫 번째 입력)값]의 값과 같지 않고 [(두 번째 입력)값]의 값과도 같지 않다를 모두 만족하도록 블록을 연결해 넣어 줍니다.

㉔ 조건을 만족했을 때 잘 찾았다고 말해 주기 위해 〈인공지능〉-〈읽어주기〉의 [(엔트리) 읽어주고 기다리기] 블록을 연결하고, (엔트리) 대신 (잘 찾았어요!)를 적어 줍니다.

㉕ 〈자료〉의 [(점수)에 (10)만큼 더하기] 블록을 연결해 준 뒤 (10) 대신 (30)을 입력합니다.

㉖ 게임의 점수를 말해 주기 위해 〈인공지능〉-〈읽어주기〉의 [(엔트리) 읽어주고 기다리기] 블록을 연결하고, (엔트리) 대신 〈계산〉의 [(10)+(10)] 블록을 2개 연결해 각 (10) 자리에 (당신의 칭찬 게임 점수는)과 〈자료〉의 [(점수)값] 블록, 그리고 (점입니다.)를 각각 입력하거나 넣습니다.

㉗ 조건을 만족하지 못했을 때 기회가 끝났음을 알리기 위해 〈인공지능〉-〈읽어주기〉의 [(엔트리) 읽어주고 기다리기] 블록을 아니면 아래에 연결하고, (엔트리) 대신 (기회가 모두 끝났습니다.)를 입력합니다.

㉘ 또한 최종 점수를 알려 주기 위해 〈인공지능〉-〈읽어주기〉의 [(엔트리) 읽어주고 기다리기] 블록을 연결하고, (엔트리) 대신 〈계산〉의 [(10)+(10)] 블록을 2개 연결해 각 (10) 자리에 (당신의 칭찬 게임 점수는)과 〈자료〉의 [(점수)값], 그리고 (점입니다.)를 각각 입력하거나 넣습니다.

8 '멋지다' 글상자 오브젝트를 선택한 뒤 다음과 같이 코드를 작성합니다.

❶ 프로그램이 시작되면 글상자 오브젝트가 보이지 않도록 〈시작〉의 [시작하기 버튼을 클릭했을 때] 블록 아래에 〈생김새〉의 [모양 숨기기] 블록을 연결합니다.

❷ 게임 시작 신호를 받았을 때 모양이 보이도록 〈시작〉의 [(게임 시작) 신호를 받았을 때] 블록 아래에 〈생김새〉의 [모양 보이기] 블록을 연결합니다.

❸ 〈흐름〉의 [계속 반복하기] 블록을 연결합니다.

❹ 글상자 오브젝트가 오른쪽으로 움직일 수 있도록 〈움직임〉의 [X 좌표를 (10)만큼 바꾸기] 블록을 가져와 연결한 뒤 (10) 대신 (20)으로 바꿔 줍니다.

❺ 글상자 오브젝트가 오른쪽으로 움직일 때 일정한 간격으로 움직일 수 있게 〈흐름〉의 [(2)초 기다리기] 블록을 가져와 연결한 뒤 (2) 대신 (0.5)를 입력해 줍니다.

9 '별로야' 글상자 오브젝트를 선택한 뒤 다음과 같이 코드를 작성합니다.

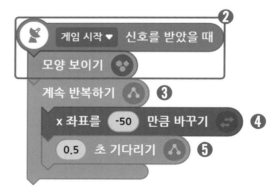

❶ 프로그램이 시작되면 글상자 오브젝트가 보이지 않도록 〈시작〉의 [시작하기 버튼을 클릭했을 때] 블록 아래에 〈생김새〉의 [모양 숨기기] 블록을 연결합니다.

❷ 게임 시작 신호를 받았을 때 모양이 보이도록 〈시작〉의 [(게임 시작) 신호를 받았을 때] 블록 아래에 〈생김새〉의 [모양 보이기] 블록을 연결합니다.

❸ 〈흐름〉의 [계속 반복하기] 블록을 연결합니다.

❹ 글상자 오브젝트가 왼쪽으로 움직일 수 있도록 움직임의 [X 좌표를 (10)만큼 바꾸기] 블록을 가져와 연결한 뒤 (10) 대신 (−50)으로 바꿔 줍니다.

❺ 글상자 오브젝트가 왼쪽으로 움직일 때 일정한 간격으로 움직일 수 있게 〈흐름〉의 [(2)초 기다리기] 블록을 가져와 연결한 뒤 (2) 대신 (0.5)를 입력해 줍니다.

❿ '훌륭하구나' 글상자 오브젝트를 선택한 뒤 다음과 같이 코드를 작성합니다.

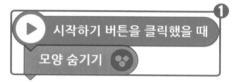
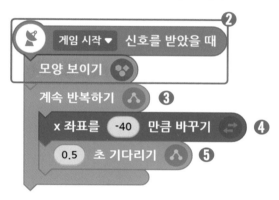

❶ 프로그램이 시작되면 글상자 오브젝트가 보이지 않도록 〈시작〉의 [시작하기 버튼을 클릭했을 때] 블록 아래에 〈생김새〉의 [모양 숨기기] 블록을 연결합니다.

❷ 게임 시작 신호를 받았을 때 모양이 보이도록 〈시작〉의 [(게임 시작) 신호를 받았을 때] 블록 아래에 〈생김새〉의 [모양 보이기] 블록을 연결합니다.

❸ 〈흐름〉의 [계속 반복하기] 블록을 연결합니다.

❹ 글상자 오브젝트가 왼쪽으로 움직일 수 있도록 〈움직임〉의 [X 좌표를 (10)만큼 바꾸기] 블록을 가져와 연결한 뒤 (10) 대신 (−40)으로 바꿔 줍니다.

❺ 글상자 오브젝트가 왼쪽으로 움직일 때 일정한 간격으로 움직일 수 있게 〈흐름〉의 [(2)초 기다리기] 블록을 가져와 연결한 뒤 (2) 대신 (0.5)를 입력해 줍니다.

⓫ '잘 했어' 글상자 오브젝트를 선택한 뒤 다음과 같이 코드를 작성합니다.

❶ 프로그램이 시작되면 글상자 오브젝트가 보이지 않도록 〈시작〉의 [시작하기 버튼을 클릭했을 때] 블록 아래에 〈생김새〉의 [모양 숨기기] 블록을 연결합니다.

❷ 게임 시작 신호를 받았을 때 모양이 보이도록 〈시작〉의 [(게임 시작) 신호를 받았을 때] 블록 아래에 〈생김새〉의 [모양 보이기] 블록을 연결합니다.

❸ 〈흐름〉의 [계속 반복하기] 블록을 연결합니다.

❹ 글상자 오브젝트가 오른쪽으로 움직일 수 있도록 〈움직임〉의 [X 좌표를 (10)만큼 바꾸기] 블록을 가져와 연결한 뒤 (10) 대신 (50)으로 바꿔 줍니다.

❺ 글상자 오브젝트가 오른쪽으로 움직일 때 일정한 간격으로 움직일 수 있게 〈흐름〉의 [(2)초 기다리기] 블록을 가져와 연결한 뒤 (2) 대신 (0.5)를 입력해 줍니다.

⓬ '최고야!' 글상자 오브젝트와 '넌 누구니?' 글상자 오브젝트를 선택한 뒤 각각 다음과 같이 코드를 작성합니다.

'최고야!' 글상자 오브젝트 코드   '넌 누구니?' 글상자 오브젝트 코드

⓭ '대단해!' 글상자 오브젝트와 '맙소사!' 글상자 오브젝트를 선택한 뒤 각각 다음과 같이 코드를 작성합니다.

'대단해!' 글상자 오브젝트 코드   '맙소사!' 글상자 오브젝트 코드

⓮ '바른 행동을 했어!' 글상자 오브젝트와 '최악이야!' 글상자 오브젝트를 선택한 뒤 각각 다음과 같이 코드를 작성합니다. 마지막 '진짜 잘했다' 글상자 오브젝트는 여러분이 원하는 값으로 코드를 작성해 줍니다.

'바른 행동을 했어!' 글상자 오브젝트 코드   '최악이야!' 글상자 오브젝트 코드

⓯ 프로그램이 완성되었다면 [시작하기] 버튼을 눌러서 프로그램을 실행해 봅니다.

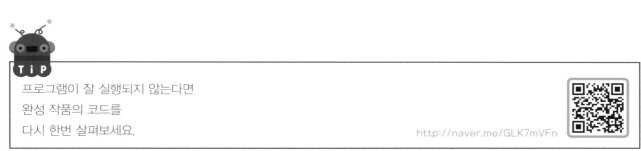

프로그램이 잘 실행되지 않는다면
완성 작품의 코드를
다시 한번 살펴보세요.

http://naver.me/GLK7mVFn

언어의 마술

칭찬하는 말은 어떤 힘을 가지고 있을까요? 칭찬은 상대방에게 자신감을 가지도록 합니다. 또한, 스스로 불확실하거나 미숙할 때 다른 사람으로부터 좋은 말을 들으면 마음의 여유가 생겨 대인관계나 일에 적극적인 사람으로 변할 수도 있지요. 이런 칭찬의 효과를 심리학에서는 '로젠탈 효과'라고 합니다. 로젠탈 효과는 1968년 하버드대학교의 심리학 교수였던 로버트 로젠탈 교수가 발표한 이론입니다.

로젠탈 교수는 초등학교 학생들을 무작위로 뽑아 그 명단을 교사에게 주며 지능지수가 높은 학생들이라고 말했고 8개월 후 그 명단에 있던 학생들이 다른 학생들보다 평균 점수가 높아졌다고 합니다. 이 실험을 통해 교육자의 칭찬과 기대가 학생들에게 긍정적인 영향을 미친다는 것을 증명한 것이죠. 반대로 부정적인 메시지나 칭찬이 아닌 비난하는 말, 꾸중하는 말만 지속적으로 듣게 된다면 아이의 정서에 부정적인 영향을 미칠 뿐 아니라 자존감 역시 낮아진다고 합니다.

우리는 앞에서 칭찬하는 말을 했을 때 보상으로 점수를 얻을 수 있는 AI 칭찬 게임 프로그램을 만들었습니다. 이처럼 칭찬하는 말과 비난하는 말을 분류할 수 있는 인공지능 프로그램을 통해 평소에도 비난하는 말을 줄이고 칭찬하는 말을 많이 사용하는 습관을 가져 보는 것은 어떨까요? 인공지능 기술의 발달이 이렇게 인간의 삶에 긍정적인 영향을 미칠 수 있음을 알고, 세상을 밝게 빛내 줄 멋진 프로그램을 만들어 보도록 해요.

과학 게임

암석을 분류해!

엔트리의 인공지능 모델 학습하기를 활용해 암석을 구분하여 점수를 얻는 AI 암석 분류 게임 프로그램을 만들어요.

 수업 길잡이 ··········

난이도 ★★★★☆
소요시간 30분 이상
학습영역 데이터와 기계 학습
준비물 PC 또는 노트북, 사이트 주소 알기 (https://playentry.org/)

AI 프로그래밍을 준비해요!

활동 목표

엔트리의 모델 학습을 이해하고 AI 과학 게임 프로그램 만들기

활동 약속

과학적 지식을 어떻게 활용할 것인지 생각하기

관련 교과를 확인해요!

관련 교과 및 단원

• 6학년 〉 2학기 〉 실과 〉 4. 소프트웨어와 생활 〉 03. 프로그래밍 요소와 구조
• 4학년 〉 2학기 〉 과학 〉 국정 〉 4. 화산과 지진 〉 과학 탐구 〉 화강암과 현무암의 특징

이 게임은

이 활동은 엔트리의 인공지능 모델 학습하기를 활용해 화성암, 퇴적암, 변성암을 학습시켜 머신러닝 모델을 완성하고 암석을 구분하는 AI 과학 게임 프로그램입니다. 인공지능이 사물의 특징을 학습해 서로 다른 사물을 구분할 수 있음을 알고, 이를 통해 암석을 알맞게 분류하는 게임 프로그램을 만들어 봅니다.

1 〈인공지능〉 카테고리를 클릭한 후 [인공지능 모델 학습하기] 버튼을 누릅니다.

2 분류: 이미지, 분류: 텍스트, 분류: 음성, 분류: 숫자, 예측: 숫자, 군집: 숫자 데이터 중 〈분류: 이미지〉를 선택합니다.

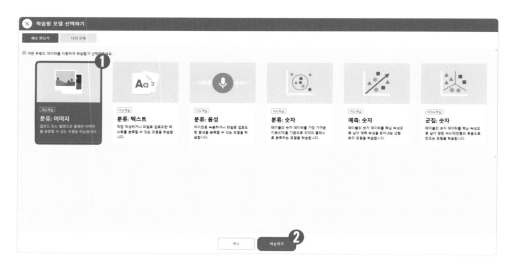

❸ 〈분류: 이미지〉 데이터를 활용한 머신러닝 모델을 만들어 봅니다.

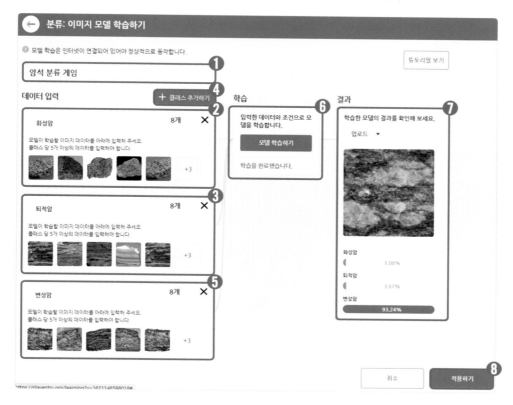

❶ 머신러닝 모델의 이름은 〈암석 분류 게임〉으로 정합니다. 여러분이 원하는 이름을 붙여도 좋습니다.

❷ 데이터 입력 아래 클래스 1에는 〈화성암〉이라 이름을 입력하고, 화성암 이미지 데이터를 입력합니다. 직접 찾아서 저장해 둔 이미지나 영진닷컴 홈페이지(https://www.youngjin.com/reader/pds/pds.asp)에서 다운로드한 이미지를 사용합니다.

❸ 클래스 2에는 〈퇴적암〉이라 이름을 입력하고, 퇴적암 이미지 데이터를 입력합니다.

❹ [+클래스 추가하기] 버튼을 눌러 클래스를 하나 더 추가합니다.

❺ 클래스 3에는 〈변성암〉이라 이름을 입력하고, 변성암 이미지 데이터를 입력합니다.

❻ 데이터 입력이 모두 완료되면 [모델 학습하기] 버튼을 누릅니다. 학습이 완료되면 "학습을 완료했습니다."라는 메시지가 보입니다.

❼ 학습을 잘했는지 확인하기 위해 머신러닝 모델에 학습시키지 않은 테스트용 암석 이미지 데이터를 결과에 넣어 확인합니다. 예시처럼 변성암의 모습이 담긴 이미지를 업로드하면 93.24% 변성암으로 판단하고 있음을 알 수 있습니다. (결과값이 책에 있는 수치와 조금 다르게 나타나도 괜찮습니다. 단, 결과가 다른 클래스로 나타날 경우에는 머신러닝 모델에 데이터를 더 많이 학습시키거나 결과에 다른 이미지를 사용해서 진행합니다.)

❽ 제대로 학습하였으므로 [적용하기] 버튼을 눌러 줍니다.

❹ 기본 오브젝트인 '엔트리봇'은 삭제하고, 오브젝트 추가하기를 눌러 '숲속⑶' 배경 오브젝트를 추가합니다.

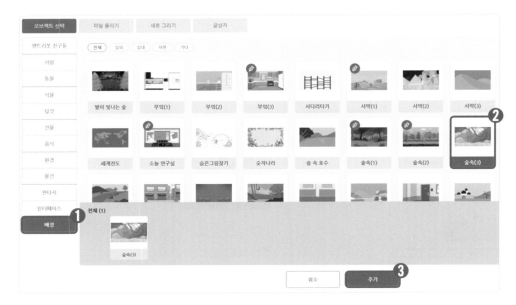

❺ '돋보기'와 '어린 탐험가' 오브젝트를 추가해 그림처럼 배치합니다.

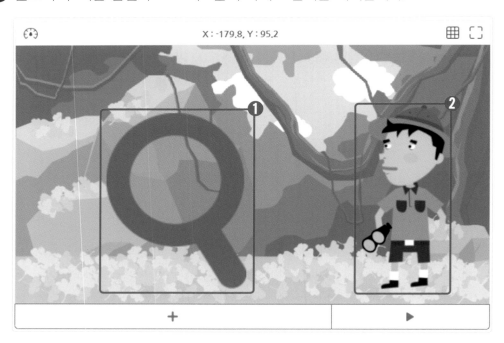

6 다시 오브젝트 추가하기를 눌러 파일 올리기 탭에서 테스트용 암석 이미지 오브젝트를 추가합니다.

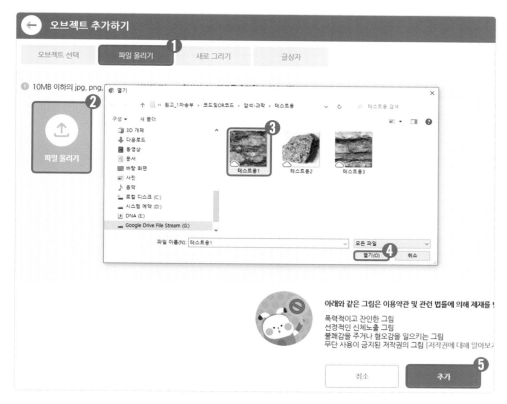

7 추가한 '테스트용1' 오브젝트를 선택한 상태에서 모양 탭으로 갑니다. [모양 추가하기] 버튼을 눌러 테스트용 암석 이미지를 2장 더 추가합니다.

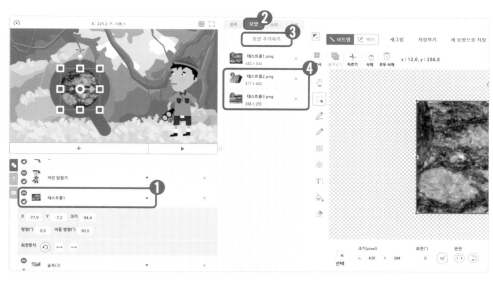

❽ 화면에 보이는 이미지를 깨끗하게 만들어 주고 싶다면 모양 탭에서 해당 이미지를 선택한 뒤 그림판 상단의 〈비트맵〉을 클릭합니다. 그리고 지우개를 선택해 배경색을 지운 뒤 [저장하기] 버튼을 눌러 줍니다.

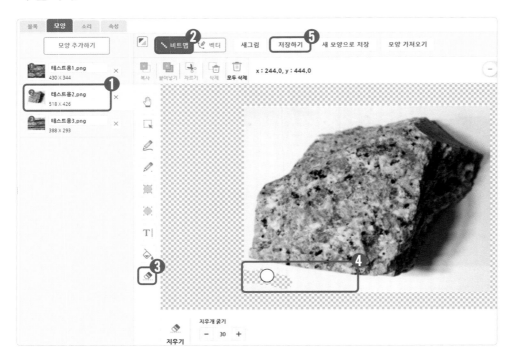

❾ 속성 탭에서 신호와 변수를 각각 추가합니다. [신호 추가하기] 버튼을 눌러 "암석바꾸기"와 "질문하기", "암석보이기" 신호를 추가하고 [변수 추가하기] 버튼을 눌러 "점수" 변수를 추가합니다.

 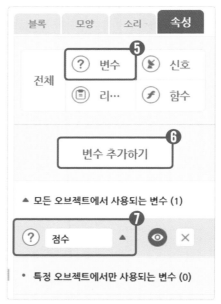

⑩ '돋보기' 오브젝트를 선택한 상태에서 〈시작〉의 [오브젝트를 클릭했을 때] 블록과 [(암석보이기) 신호 보내기] 블록을 연결합니다.

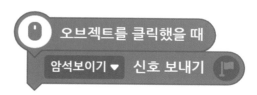

⑪ '테스트용1' 오브젝트를 선택한 상태에서 다음과 같이 코드를 작성합니다.

❶ 프로그램이 시작되면 암석이 보이지 않도록 〈시작〉의 [시작하기 버튼을 클릭했을 때] 블록 아래에 〈생김새〉의 [모양 숨기기] 블록을 연결합니다.

❷ 〈시작〉의 [(암석보이기) 신호를 받았을 때] 블록 아래에 〈생김새〉의 [모양 보이기] 블록과 〈시작〉의 [(질문하기) 신호 보내기] 블록을 연결합니다.

❸ 〈시작〉의 [(암석바꾸기) 신호를 받았을 때] 블록 아래에 〈생김새〉의 [(다음) 모양 바꾸기] 블록을 연결합니다.

⑫ '어린 탐험가' 오브젝트를 선택한 상태에서 〈시작〉의 [시작하기 버튼을 클릭했을 때] 블록을 가져옵니다. 〈인공지능〉의 [인공지능 블록 불러오기]에서 〈읽어주기〉를 추가한 뒤 〈인공지능〉-〈읽어주기〉의 [(남성) 목소리를 (보통) 속도 (보통) 음높이로 설정하기] 블록과 [(엔트리) 읽어주고 기다리기] 블록을 연결합니다. 그리고 (엔트리) 대신 (암석을 분류해 볼까요? 돋보기를 클릭해 나오는 암석을 화성암, 퇴적암, 변성암으로 구분해요.)를 입력합니다.

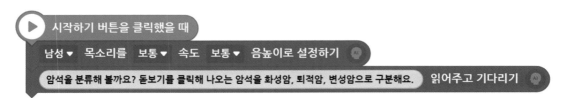

⑬ '어린 탐험가' 오브젝트를 선택한 상태에서 계속해서 코드를 추가합니다.

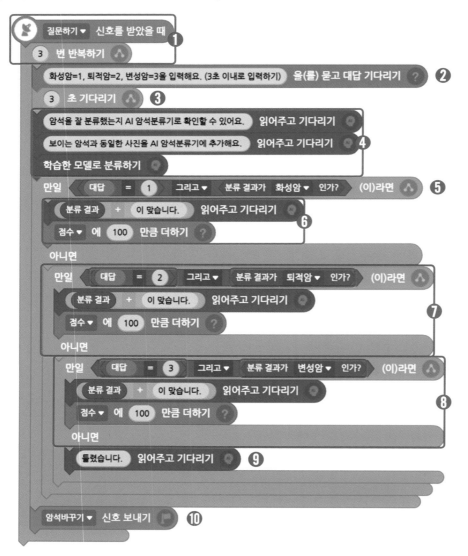

❶ 〈시작〉의 [(질문하기) 신호를 받았을 때] 블록을 가져온 뒤 〈흐름〉의 [(10)번 반복하기] 블록을 연결하고 (10) 대신 (3)을 입력합니다.

❷ 〈자료〉의 [(안녕)을 묻고 대답 기다리기] 블록을 연결하고, (안녕) 대신에 (화성암=1, 퇴적암=2, 변성암=3을 입력해요. (3초 이내로 입력하기))를 입력합니다.

❸ 사용자가 답을 생각하고 입력할 시간을 주기 위해 〈흐름〉의 [(2)초 기다리기] 블록을 연결한 뒤 (2) 대신 (3)을 입력합니다.

❹ 〈인공지능〉-〈읽어주기〉의 [(엔트리) 읽어주고 기다리기] 블록을 2개 가져와 연결하고 (엔트리) 대신 (암석을 잘 분류했는지 AI 암석분류기로 확인할 수 있어요.)와 (보이는 암석과 동일한 사진을 AI 암석분류기에 추가해요.)를 각각 입력합니다. 그리고 〈인공지능〉-〈분류: 이미지 모델〉의 [학습한 모델로 분류하기] 블록을 연결해 인공지능이 판단할 수 있게 합니다.

❺ 이어서 〈흐름〉의 [만일 (참)이라면, 아니면] 블록을 연결한 뒤 (참) 속에 〈판단〉의 [(참) 그리고 (참)] 블록을 넣습니다. 첫 번째 (참) 속에는 다시 〈판단〉의 [(10)=(10)] 블록을 넣고 왼쪽 (10)에는 〈자료〉의 [대답] 블록을, 오른쪽 (10)에는 (1)을 입력합니다. 두 번째 (참) 속에 〈인공지능〉-〈분류: 이미지 모델〉의 [분류 결과가 (화성암)인가?]를 넣습니다.

❻ 사용자가 입력한 대답값이 인공지능이 판단한 결과와 같다면 조건을 만족하는 경우이므로 〈인공지능〉-〈읽어주기〉의 [(엔트리) 읽어주고 기다리기] 블록을 가져와 연결하고, (엔트리) 대신 〈계산〉의 [(10)+(10)] 블록을 넣습니다. 왼쪽 (10)에는 〈인공지능〉-〈분류: 이미지 모델〉의 [분류 결과] 블록을 넣고 오른쪽 (10)에는 (이 맞습니다.)를 입력합니다. 이어서 〈자료〉의 [(점수)에 (10)만큼 더하기] 블록을 연결한 뒤 (10) 대신 (100)을 입력합니다.

❼ ❺번과 ❻번 블록을 통째로 복사하여 아니면 아래에 붙여 넣고, 다른 부분만 바꿔 줍니다. [(대답)=(1)] 블록에서 (1)을 (2)로 바꾸고, [분류 결과가 (화성암)인가?] 블록에서 (화성암)을 (퇴적암)으로 바꿉니다.

❽ 마찬가지로 ❼번 블록을 복사하여 아니면 아래에 연결합니다. [(대답)=(2)] 블록에서 (2)를 (3)으로 바꾸고, [분류 결과가 (퇴적암)인가?] 블록에서 (퇴적암)을 (변성암)으로 바꿉니다.

❾ 아니면 아래에는 〈인공지능〉-〈읽어주기〉의 [(엔트리) 읽어주고 기다리기] 블록을 넣고, (엔트리) 대신 "틀렸습니다."를 입력합니다.

❿ 다음 문제로 넘어갈 수 있도록 〈시작〉의 [(암석바꾸기) 신호 보내기] 블록을 조건 블록 바깥에 연결합니다.

⓮ 프로그램이 완성되었다면 [시작하기] 버튼을 눌러서 프로그램을 실행해 봅니다. 돋보기에 보이는 암석이 무엇인지 답을 입력했을 때 인공지능이 정확하게 판단하는지 확인해 보세요.

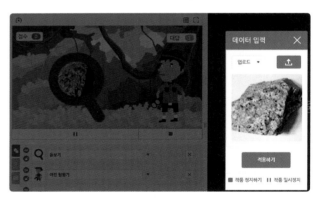

프로그램이 잘 실행되지 않는다면
완성 작품의 코드를
다시 한번 살펴보세요.

http://naver.me/x2PwSji9

AI가 잘 할 수 있는 일

암석 데이터를 학습해 어떤 암석인지를 판단해 분류할 수 있는 AI 암석분류기 프로그램과 같은 AI 기술은 우리의 생활 속에서 또 어떤 역할을 할 수 있을까요? 예를 들어 공항 검색대에서 짐 속에 총과 같은 무기가 있는지 없는지를 판단해 분류해 주는 AI 위해물품 분류기가 있다면 어떨까요? 그림에서처럼 AI가 어떤 물품인지를 인식해 위험한 물품의 경우 경고음을 울릴 수 있다면 일일이 사람의 눈으로 확인하고 분류하는 번거로움을 줄여 줄 수 있습니다.

이미지 출처 https://aihub.or.kr/node/416

또 시험지의 주관식 답안이 정답인지 아닌지 판단해 정답과 오답으로 분류해 주는 AI 프로그램도 있습니다. 학생이 직접 쓴 텍스트를 인식해 정답인지 아닌지를 자동으로 채점해 주는 것이지요. 수백 명의 학생이 작성한 답안을 일일이 확인해 채점하는 번거로움을 덜어 줄 뿐 아니라 채점 실수의 가능성도 줄여 줄 수 있습니다. 이렇게 AI의 기술을 활용했을 때 사람이 직접 하는 것보다 더 정확하고, 빠르게 처리할 수 있는 일을 찾아 프로그램을 만들어 보면 어떨까요?

이미지 출처 https://aihub.or.kr/node/410

도덕 게임

위인을 찾아서!

엔트리의 인공지능 모델 학습하기를 활용해 인물에 대한 설명을 듣고 사진으로
정답을 말하면 정답 여부를 판단하는 AI 영웅 찾기 게임 프로그램을 만들어요.

수업 길잡이 · · · · · · · · · · ·

난이도 ★★★☆☆
소요시간 20분 이상
학습영역 데이터와 기계
학습
준비물 PC 또는 노트북,
사이트 주소 알기
(https://playentry.org/)

AI 프로그래밍을 준비해요!

활동 목표

엔트리의 모델 학습을 이해하고 AI 도덕 게임
프로그램 만들기

활동 약속

인물에 대한 설명을 듣고 누구인지 스스로 생
각하기

관련 교과를 확인해요!

관련 교과 및 단원
• 6학년 〉 2학기 〉 실과 〉 4. 소프트웨어와 생
 활 〉 03. 프로그래밍 요소와 구조
• 6학년 〉 1학기 〉 도덕 〉 국정 〉 6. 함께 살아
 가는 지구촌

이 게임은

이 활동은 엔트리의 인공지능 모델 학습하기를 활용해 세계적인 위인들의 얼굴을 학습시켜 머신러닝
모델을 완성하고 원하는 위인을 찾는 AI 도덕 게임 프로그램입니다. 인공지능이 사람의 얼굴을 구분
할 수 있음을 알고 설명에 맞는 위인을 찾는 게임 프로그램을 만들어 봅니다.

1 〈인공지능〉 블록 카테고리를 클릭한 후 [인공지능 모델 학습하기] 버튼을 누릅니다.

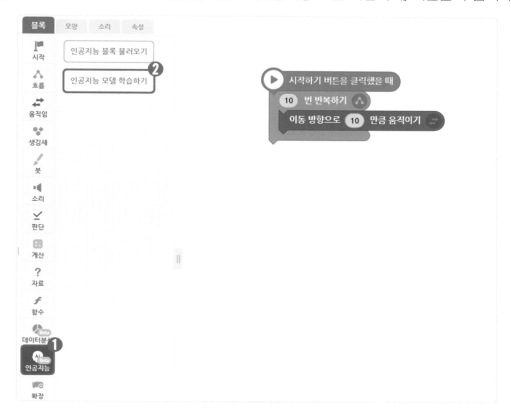

2 분류: 이미지, 분류: 텍스트, 분류: 음성, 분류: 숫자, 예측: 숫자, 군집: 숫자 데이터 중 〈분류: 이미지〉를 선택합니다.

❸ 〈분류: 이미지〉 데이터를 활용한 머신러닝 모델을 만들어 봅니다.

❶ 머신러닝 모델의 이름은 〈세계의 위인〉으로 정합니다. 여러분이 원하는 이름을 붙여도 좋습니다.

❷ 데이터 입력 아래 클래스 1에는 〈간디〉라 이름을 입력하고, 위인의 얼굴이나 모습이 담긴 이미지를 입력합니다. 직접 찾아서 저장해 둔 이미지나 영진닷컴 홈페이지(https://www.youngjin.com/reader/pds/pds.asp)에서 다운로드한 이미지를 사용합니다.

❸ 클래스 2에는 〈슈바이처〉라 이름을 입력하고, 위인의 얼굴이나 모습이 담긴 이미지를 입력합니다.

❹ [+클래스 추가하기] 버튼을 눌러 클래스를 하나 더 추가합니다.

❺ 클래스 3에는 〈나이팅게일〉이라 이름을 입력하고, 위인의 얼굴이나 모습이 담긴 이미지를 입력합니다.

❻ 데이터 입력이 모두 완료되면 [모델 학습하기] 버튼을 누릅니다. 학습이 완료되면 "학습을 완료했습니다."라는 메시지가 보입니다.

❼ 학습을 잘했는지 확인하기 위해 머신러닝 모델에 학습시키지 않은 위인의 얼굴이나 모습이 담긴 이미지 데이터를 결과에 넣어 확인합니다. 예시처럼 간디의 모습이 담긴 이미지를 업로드하면 91.84% 간디로 판단하고 있음을 알 수 있습니다. (결과값이 책에 있는 수치와 조금 다르게 나타나도 괜찮습니다. 단, 결과가 다른 클래스로 나타날 경우에는 머신러닝 모델에 데이터를 더 많이 학습시키거나 결과에 다른 이미지를 사용해서 진행합니다.)

❽ 제대로 학습하였으므로 [적용하기] 버튼을 눌러줍니다.

❹ 기본 오브젝트인 '엔트리봇'은 삭제하고, 오브젝트 추가하기를 눌러 '세계전도' 배경 오브젝트를 추가합니다.

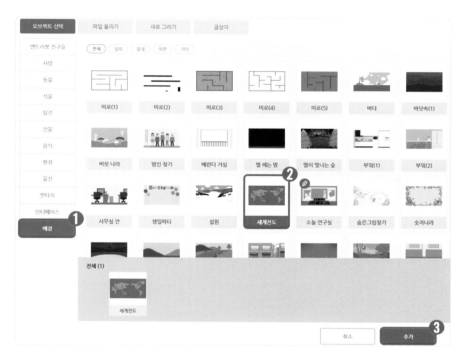

❺ '책_2', '해적(5)' 오브젝트를 추가해 그림처럼 배치하고, 장면1 옆에 있는 [+] 버튼을 눌러 장면2를 추가합니다.

❻ 장면2에서 오브젝트 추가하기를 클릭해 '책 배경'을 추가합니다.

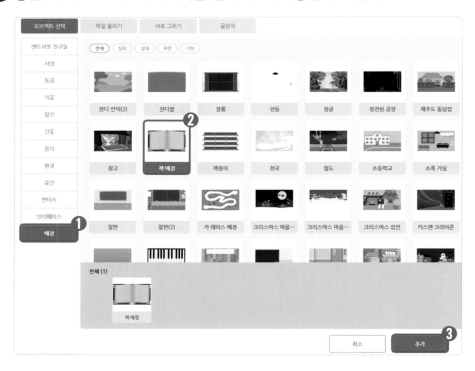

❼ 장면2에서 글상자를 추가합니다. 원하는 글꼴을 선택하고, 채우기 색은 없음으로 한 후 내용에 "1)"
을 입력한 뒤 [적용하기]를 클릭합니다. 같은 방법으로 "2)", "3)" 글상자를 추가합니다.

8 오브젝트 및 장면 추가를 완성합니다.

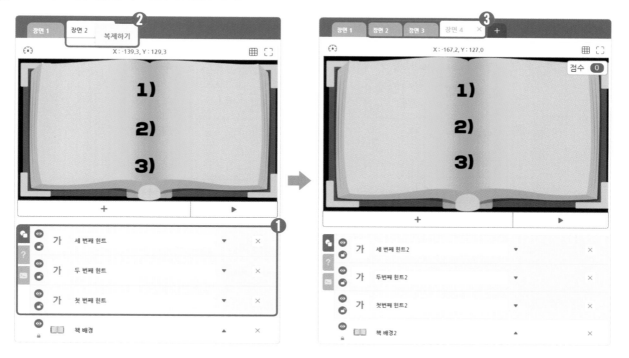

❶ 추가한 글상자 오브젝트의 이름을 오브젝트 목록에서 '첫 번째 힌트', '두 번째 힌트', '세 번째 힌트'로 바꿔 줍니다.

❷ 오브젝트를 모두 추가한 장면2에 마우스 커서를 가져가 오른쪽 버튼을 누르면 [복제하기] 버튼이 나옵니다.

❸ 장면2를 2번 복제하여 장면3과 장면4를 추가합니다.

❾ 속성 탭에서 신호와 변수를 각각 추가합니다. [신호 추가하기] 버튼을 눌러 "영웅찾기"와 "힌트얻기" 신호를 추가하고 [변수 추가하기] 버튼을 눌러 "점수" 변수를 추가합니다.

❿ 장면1의 '해적' 오브젝트를 선택한 상태에서 다음과 같이 코드를 작성합니다.

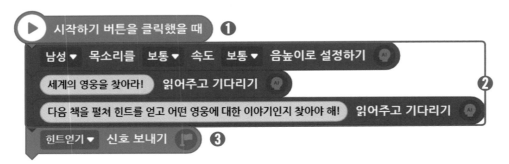

❶ 〈시작〉의 [시작하기 버튼을 클릭했을 때] 블록을 가져옵니다.

❷ 〈인공지능〉의 [인공지능 블록 불러오기]에서 〈읽어주기〉를 추가한 뒤 〈인공지능〉–〈읽어주기〉의 [(남성) 목소리를 (보통) 속도 (보통) 음높이로 설정하기] 블록 1개와 [(엔트리) 읽어주고 기다리기] 블록 2개를 가져와 차례대로 연결합니다. 그리고 (엔트리) 대신 (세계의 영웅을 찾아라!)와 (다음 책을 펼쳐 힌트를 얻고 어떤 영웅에 대한 이야기인지 찾아야 해!)를 각각 입력해 줍니다.

❸ 〈시작〉의 [(힌트얻기) 신호 보내기] 블록을 연결합니다.

⑪ 장면1의 '책' 오브젝트를 선택한 상태에서 다음과 같이 코드를 작성합니다.

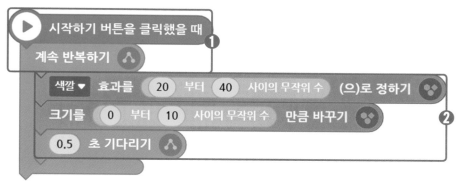

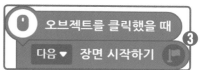

❶ 프로그램이 시작되면 코드를 계속해서 반복하도록 〈시작〉의 [시작하기 버튼을 클릭했을 때] 블록 아래에 〈흐름〉의 [계속 반복하기] 블록을 연결합니다.

❷ 〈생김새〉의 [(색깔) 효과를 (100)으로 정하기] 블록을 가져와 연결하고, (100) 대신에 〈계산〉의 [(0)부터 (10) 사이의 무작위 수] 블록을 넣습니다. (0) 대신 (20)을, (10) 대신 (40)을 입력합니다. 이어서 〈생김새〉의 [크기를 (10)만큼 바꾸기] 블록을 가져와 연결하고, (10) 대신 〈계산〉의 [(0)부터 (10) 사이의 무작위 수] 블록을 넣습니다. 딜레이 시간을 주기 위해 〈흐름〉의 [(2)초 기다리기]를 연결하고 (2) 대신 (0.5)를 입력합니다.

❸ 〈시작〉의 [오브젝트를 클릭했을 때] 블록을 가져온 뒤 [(다음) 장면 시작하기] 블록을 연결합니다.

⑫ 장면2의 '첫 번째 힌트' 글상자 오브젝트를 선택한 상태에서 코드를 작성합니다. 〈시작〉의 [장면이 시작되었을 때] 블록 아래에 〈글상자〉의 [(엔트리)라고 뒤에 이어쓰기] 블록을 연결합니다. 그리고 (엔트리) 대신 (영국의 간호사, 작가, 통계학자이다.)라고 입력합니다.

⑬ 장면2의 '두 번째 힌트' 글상자 오브젝트를 선택한 상태에서 코드를 작성합니다. 〈시작〉의 [장면이 시작되었을 때] 블록 아래에 〈흐름〉의 [(2)초 기다리기]와 〈글상자〉의 [(엔트리)라고 뒤에 이어쓰기] 블록을 연결합니다. 그리고 (엔트리) 대신 (크림전쟁에서 부상병을 돌보며 활약했다.)라고 입력합니다.

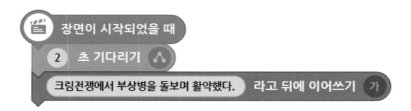

⑭ 장면2의 '세 번째 힌트' 글상자 오브젝트를 선택한 상태에서 코드를 작성합니다. 〈시작〉의 [장면이 시작되었을 때] 블록 아래에 〈흐름〉의 [(2)초 기다리기] 블록을 연결하고 (2) 대신 (4)를 입력합니다. 이어서 〈글상자〉의 [(엔트리)라고 뒤에 이어쓰기] 블록을 가져와 (엔트리) 대신 (여성 최초로 메리트 훈장을 받았다.)라고 입력한 뒤 〈시작〉의 [(영웅찾기) 신호 보내기] 블록을 연결합니다.

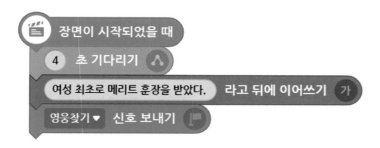

⓯ 장면2의 '책 배경' 오브젝트를 선택한 상태에서 다음과 같이 코드를 작성합니다.

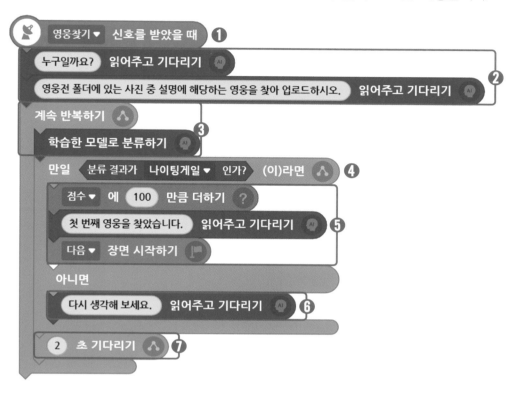

❶ 〈시작〉의 [(영웅찾기) 신호를 받았을 때] 블록을 가져옵니다.

❷ 〈인공지능〉-〈읽어주기〉의 [(엔트리) 읽어주고 기다리기] 블록을 2개 가져와 연결한 뒤 (엔트리) 대신 (누구일까요?)와 (영웅전 폴더에 있는 사진 중 설명에 해당하는 영웅을 찾아 업로드하시오.)를 각각 입력합니다.

❸ 〈흐름〉의 [계속 반복하기] 블록을 연결하고, 〈인공지능〉-〈분류: 이미지 모델〉의 [학습한 모델로 분류하기] 블록을 넣습니다.

❹ 〈흐름〉의 [만일 (참)이라면, 아니면] 블록을 가져와 연결하고, (참) 속에 〈인공지능〉-〈분류: 이미지 모델〉의 [분류 결과가 (나이팅게일)인가?] 블록을 넣습니다.

❺ 참이라면 점수를 얻도록 〈자료〉의 [(점수)에 (10)만큼 더하기] 블록을 연결하고, (10) 대신 (100)을 입력합니다. 〈인공지능〉-〈읽어주기〉의 [(엔트리) 읽어주고 기다리기] 블록을 연결한 뒤 (엔트리) 대신 (첫 번째 영웅을 찾았습니다.)를 입력합니다. 그리고 〈시작〉의 [(다음) 장면 시작하기]를 가져와 연결합니다.

❻ 참이 아니면 〈인공지능〉-〈읽어주기〉의 [(엔트리) 읽어주고 기다리기] 블록을 연결하고 (엔트리) 대신 (다시 생각해 보세요.)를 입력합니다.

❼ 딜레이 시간을 주기 위해 〈흐름〉의 [(2)초 기다리기] 블록을 가져와 조건 블록 바깥에 연결합니다.

16 장면3의 '첫 번째 힌트' 글상자 오브젝트를 선택한 상태에서 코드를 작성합니다. 〈시작〉의 [장면이 시작되었을 때] 블록 아래에 〈글상자〉의 [(엔트리)라고 뒤에 이어쓰기] 블록을 연결합니다. 그리고 (엔트리) 대신 (인도의 정신적·정치적 지도자이다.)라고 입력합니다.

17 장면3의 '두 번째 힌트' 글상자 오브젝트를 선택한 상태에서 코드를 작성합니다. 〈시작〉의 [장면이 시작되었을 때] 블록 아래에 〈흐름〉의 [(2)초 기다리기]와 〈글상자〉의 [(엔트리)라고 뒤에 이어쓰기] 블록을 연결합니다. 그리고 (엔트리) 대신 (영국으로부터 인도 독립 운동을 지도하였다.)라고 입력합니다.

18 장면3의 '세 번째 힌트' 글상자 오브젝트를 선택한 상태에서 코드를 작성합니다. 〈시작〉의 [장면이 시작되었을 때] 블록 아래에 〈흐름〉의 [(2)초 기다리기] 블록을 연결하고 (2) 대신 (4)를 입력합니다. 이어서 〈글상자〉의 [(엔트리)라고 뒤에 이어쓰기] 블록을 가져와 (엔트리) 대신 (무저항 비폭력 운동을 전개해 나갔다.)라고 입력한 뒤 〈시작〉의 [(영웅찾기) 신호 보내기] 블록을 연결합니다.

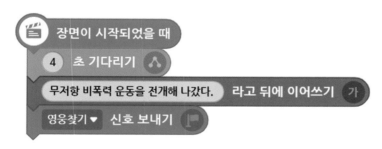

⑲ 장면3의 '책 배경' 오브젝트를 선택한 상태에서 코드를 작성합니다. 장면2의 '책 배경' 오브젝트와 코드가 거의 동일하므로 코드를 복사하여 붙여넣고, 다른 부분만 바꿔 줍니다.

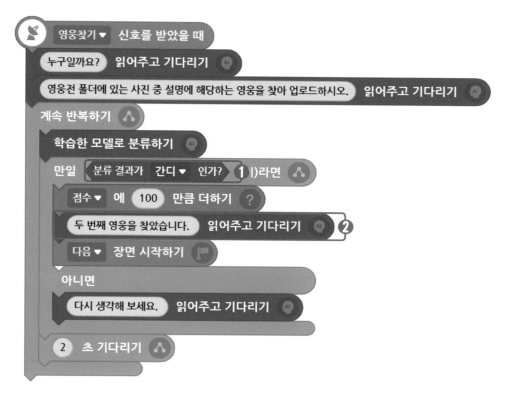

❶ [분류 결과가 (나이팅게일)인가?] 에서 (나이팅게일)을 (간디)로 바꿔 줍니다.

❷ [(첫 번째 영웅을 찾았습니다.) 읽어주고 기다리기] 블록 속에 (첫 번째 영웅을 찾았습니다.) 대신 (두 번째 영웅을 찾았습니다.)를 입력합니다.

20 장면4의 '첫 번째 힌트' 글상자 오브젝트를 선택한 상태에서 코드를 작성합니다. 〈시작〉의 [장면이 시작되었을 때] 블록 아래에 〈글상자〉의 [(엔트리)라고 뒤에 이어쓰기] 블록을 연결합니다. 그리고 (엔트리) 대신 (아프리카에서 의료봉사를 하였다.)라고 입력합니다.

21 장면4의 '두 번째 힌트' 글상자 오브젝트를 선택한 상태에서 코드를 작성합니다. 〈시작〉의 [장면이 시작되었을 때] 블록 아래에 〈흐름〉의 [(2)초 기다리기]와 〈글상자〉의 [(엔트리)라고 뒤에 이어쓰기] 블록을 연결합니다. 그리고 (엔트리) 대신 (노벨평화상을 수상했다.)라고 입력합니다.

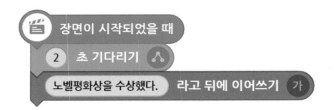

22 장면4의 '세 번째 힌트' 글상자 오브젝트를 선택한 상태에서 코드를 작성합니다. 〈시작〉의 [장면이 시작되었을 때] 블록 아래에 〈흐름〉의 [(2)초 기다리기] 블록을 연결하고 (2) 대신 (4)를 입력합니다. 이어서 〈글상자〉의 [(엔트리)라고 뒤에 이어쓰기] 블록을 가져와 (엔트리) 대신 (생명 외경 사상(생명 경외 사상)을 가지고 있다.)라고 입력한 뒤 〈시작〉의 [(영웅찾기) 신호 보내기] 블록을 연결합니다.

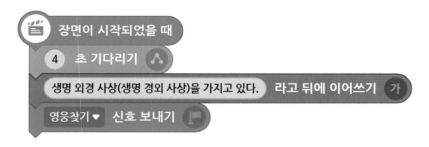

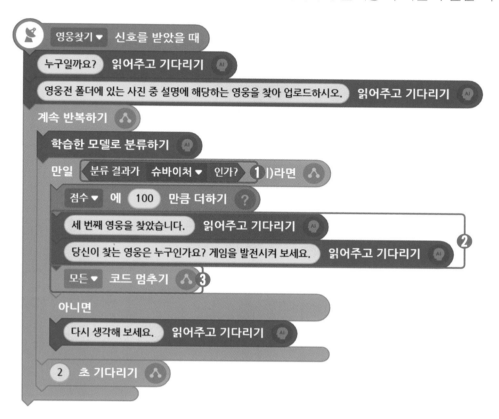

㉓ 장면4의 '책 배경' 오브젝트를 선택한 상태에서 코드를 작성합니다. 장면2 또는 장면3의 '책 배경' 오브젝트와 코드가 거의 동일하므로 코드를 복사하여 붙여넣고, 다른 부분만 바꿔 줍니다.

❶ [분류 결과가 (간디)인가?] 에서 (간디)를 (슈바이처)로 바꿔 줍니다.

❷ [(두 번째 영웅을 찾았습니다.) 읽어주고 기다리기] 블록 속에 (두 번째 영웅을 찾았습니다.) 대신 (세 번째 영웅을 찾았습니다.)를 입력합니다. 그리고 바로 밑에 〈인공지능〉-〈읽어주기〉의 [(엔트리) 읽어주고 기다리기] 블록을 하나 더 추가한 뒤 (엔트리) 대신 (당신이 찾는 영웅은 누구인가요? 게임을 발전시켜 보세요.)를 입력합니다.

❸ 장면4가 마지막 장면이므로 [(다음) 장면 시작하기] 블록을 삭제하고 〈흐름〉의 [(모든) 코드 멈추기] 블록을 연결합니다.

AI 프로그램을 만들어요!

24 프로그램이 완성되었다면 [시작하기] 버튼을 눌러서 프로그램을 실행해 봅니다. 설명하고 있는 위인이 누구인지 답을 입력했을 때 인공지능이 정확하게 판단하는지 확인해 보세요.

TiP
프로그램이 잘 실행되지 않는다면
완성 작품의 코드를
다시 한번 살펴보세요.

http://naver.me/x2PwSji9

읽을거리
세상을 따뜻하게 하는 기술

　세상을 빛낸 위인들을 잘 찾아보았나요? 이렇게 우리가 살아가는 사회에는 다른 사람에게 도움을 주며 세상을 따뜻하게 하는 위인들이 많습니다. 그런데 이제는 인공지능 기술의 발달로 사람을 대신해 인공지능이 세상의 빛이 되고, 세상을 따뜻하게 해 주는 사례가 많아졌습니다. 코로나19로 많은 어려움을 겪었던 2020년, AI 기반 질환 판별 소프트웨어인 루닛은 흉부 엑스레이 사진을 수초 내로 분석해 각 질환 의심 부위와 의심 정도를 색상 등으로 자동 표기하여 의료계에 많은 도움을 주었습니다. 단 몇 초 만에 폐 결절, 폐 경화, 기흉을 포함한 주요 비정상 소견을 97~99%의 정확도로 검출해 냄으로써 빠른 시간 안에 진단과 처방이 이루어질 수 있도록 도움을 준 것입니다.

　또한 불법 의료 광고를 판별해 찾아내는 인공지능 검수봇은 병원이 광고를 제작할 때 실시간으로 이미지 내 글자를 분석해 현행 의료법상 불법으로 규정될 소지가 있는 표현을 찾아 알려 줍니다. 이러한 인공지능 기술로 이전보다 더 효율적이고 정확한 의료 광고 검수가 가능해지면서 병원은 사람들이 신뢰할 수 있는 정보를 제공할 수 있습니다. 이 외에도 공황장애를 앓고 있는 환자들이 의사와 대면하여 치료하는 데 어려움을 겪을 때 사람이 아닌 챗봇 의사를 투입해 환자를 상담하고 치료에 도움을 제공하는 등 다양한 영역에서 인공지능 기술이 사람을 돕는 데 사용되고 있습니다. 기술의 발전이 우리 삶을 더욱 풍요롭게 할 수 있도록 세상을 빛내는 멋진 인공지능 프로그램을 여러분도 직접 만들어 보면 어떨까요? 〈인공지능, 엔트리를 만나다〉, 〈인공지능, 게임을 만나다〉와 같은 책을 따라 열심히 연습해 보세요.

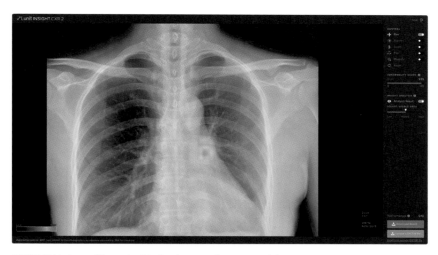

이미지 출처　https://www.lunit.io/ko/product/insight_cxr2/

Section 10

수학 게임

생산량이 얼마일까?

데이터를 기반으로 입력된 값을 분석해 배추의 생산량을 예측하는 기능을 활용한 AI 수학 게임 프로그램을 만들어요.

난이도 ★★★★★
소요시간 30분 이상
학습영역 인공지능의 사회적 영향
준비물 PC 또는 노트북, 사이트 주소 알기 (https://playentry.org/)

AI 프로그래밍을 준비해요!

활동 목표
엔트리의 예측 모델을 이해하고 AI 수학 게임 프로그램 만들기

활동 약속
데이터를 기반으로 AI가 어떻게 예측하는지 생각해 보기

관련 교과를 확인해요!

관련 교과 및 단원
- 6학년 〉 2학기 〉 실과 〉 4. 소프트웨어와 생활 〉 03. 프로그래밍 요소와 구조
- 5학년 〉 2학기 〉 수학 〉 국정 〉 6. 평균과 가능성

이 게임은

이 활동은 데이터를 기반으로 엔트리의 인공지능 모델 학습하기를 활용해 입력된 데이터의 값을 처리하고 배추의 생산량을 예측하는 AI 수학 게임 프로그램입니다. 인공지능이 데이터를 근간으로 학습하고, 입력된 값에 따라 알고자 하는 값을 예측할 수 있음을 활용해 우리 생활에 도움을 주는 프로그램을 만들어 봅니다.

❶ 〈데이터 분석〉 카테고리를 클릭한 후 [테이블 불러오기] 버튼을 누릅니다.

❷ [테이블 추가하기]를 클릭합니다.

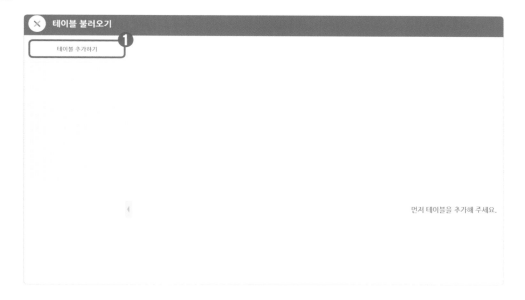

❸ 테이블 선택, 파일 올리기, 새로 만들기 중에서 〈테이블 선택〉을 클릭한 뒤 〈연도별 배추 생산량〉을 선택하여 추가합니다.

❹ 추가된 테이블을 화면에서 확인할 수 있습니다. [저장하기] 버튼을 누릅니다.

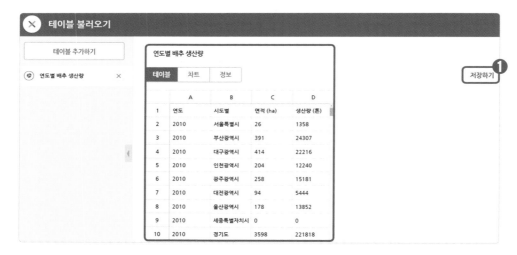

5 〈데이터분석〉 카테고리에 추가한 테이블과 관련된 블록이 만들어진 것을 확인할 수 있습니다.

6 〈인공지능〉 카테고리를 클릭한 후 [인공지능 모델 학습하기] 버튼을 누릅니다.

7 분류: 이미지, 분류: 텍스트, 분류: 음성, 분류: 숫자, 예측: 숫자, 군집: 숫자 데이터 중 〈예측: 숫자〉를 선택합니다.

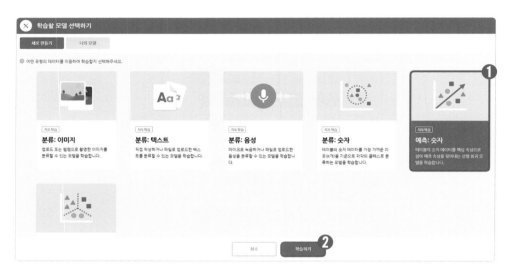

8 모델의 이름을 "생산량"으로 입력하고, 추가한 테이블의 데이터인 "연도별 배추 생산량"을 선택합니다. (연도), (면적), (생산량) 총 3개의 속성이 보입니다.

❾ 3개의 속성 중 생산량 예측에 필요한 (면적)을 핵심 속성으로 선택해 끌어옵니다. 그리고 알고자 하는 예측 속성은 (생산량)을 선택해 끌어온 뒤 [모델 학습하기] 버튼을 클릭합니다. 학습한 모델의 결과를 그래프로 확인할 수 있습니다. 모델 만들기를 완료했다면 [적용하기]를 클릭합니다. (결과가 책과 다르게 나타날 수 있습니다. 프로그램을 실행할 때에는 각자의 학습 모델 결과 수치를 참고해서 진행합니다.)

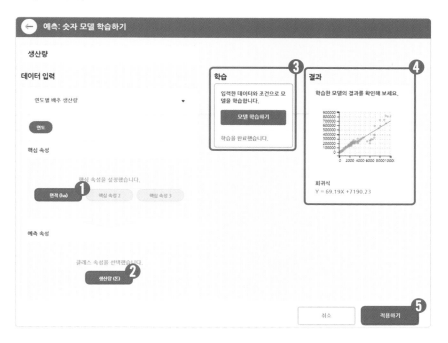

❿ 기본 오브젝트인 '엔트리봇'을 삭제하고 오브젝트 추가하기에서 '시골 풍경' 배경 오브젝트를 추가합니다.

⓫ '소놀 AI 연구원(3)' 오브젝트와 '배추' 오브젝트를 추가한 뒤 속성 탭에서 [변수 추가하기]를 클릭해 "가로", "세로", "넓이", "나의 추측값", "점수" 변수를 추가합니다.

⓬ '소놀 AI 연구원' 오브젝트를 선택한 상태에서 다음과 같이 코드를 작성합니다.

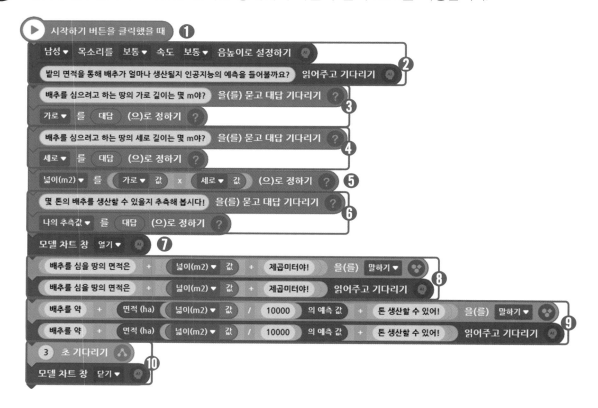

❶ 〈시작〉의 [시작하기 버튼을 클릭했을 때] 블록을 가져옵니다.

❷ 〈인공지능〉의 [인공지능 블록 불러오기]에서 〈읽어주기〉를 추가한 뒤 〈인공지능〉-〈읽어주기〉의 [[(남성) 목소리를 (보통) 속도 (보통) 음높이로 설정하기]와 [(엔트리) 읽어주고 기다리기] 블록을 연결합니다. 그리고 (엔트리) 대신 (밭의 면적을 통해 배추가 얼마나 생산될지 인공지능의 예측을 들어 볼까요?)를 적습니다.

❸ 〈자료〉의 [(안녕!)을 묻고 대답 기다리기] 블록을 가져와 연결하고 (안녕!) 대신에 (배추를 심으려고 하는 땅의 가로 길이는 몇 m야?)를 입력합니다. 그리고 그 대답값을 변수에 저장하기 위해 〈자료〉의 [(가로)를 (10)으로 정하기] 블록을 연결한 뒤 (10) 대신 〈자료〉의 [대답] 블록을 넣습니다.

❹ 〈자료〉의 [(안녕!)을 묻고 대답 기다리기] 블록을 가져와 연결하고 (안녕!) 대신에 (배추를 심으려고 하는 땅의 세로 길이는 몇 m야?)를 입력합니다. 그리고 그 대답값을 변수에 저장하기 위해 〈자료〉의 [(세로)을 (10)으로 정하기] 블록을 연결한 뒤 (10) 대신 〈자료〉의 [대답] 블록을 넣습니다.

❺ 〈자료〉의 [(넓이)를 (10)으로 정하기] 블록을 가져온 뒤 (10) 대신에 〈계산〉의 [(10)*(10)] 블록을 넣고, 첫 번째 (10)에는 〈자료〉의 [(가로)값] 블록을, 두 번째 (10)에는 〈자료〉의 [(세로)값] 블록을 넣습니다.

❻ 이어서 〈자료〉의 [(안녕!)을 묻고 대답 기다리기] 블록을 가져옵니다. (안녕!) 대신에 (몇 톤의 배추를 생산할 수 있을지 추측해 봅시다.)를 입력하고, 〈자료〉의 [(나의 추측값)을 (10)으로 정하기] 블록을 연결한 뒤 (10) 대신 〈자료〉의 [대답] 블록을 넣습니다.

❼ 예측 모델의 결과를 그래프로 보여 주기 위해 〈인공지능〉-〈예측: 숫자 모델〉의 [모델 차트 창 (열기)] 블록을 연결합니다.

❽ 배추밭의 면적을 알려 주기 위해 〈생김새〉의 [(안녕!)을 (말하기)] 블록과 〈인공지능〉-〈읽어주기〉의 [(엔트리) 읽어주고 기다리기] 블록을 차례대로 연결하고 (안녕!)과 (엔트리) 대신 〈계산〉의 [(10)+(10)] 블록을 2개씩 연결해 각각에 넣어 줍니다. 두 블록 모두 첫 번째 (10)에는 (배추를 심을 땅의 면적은)을 입력하고, 두 번째 (10)에는 〈자료〉의 [(넓이)값] 블록을 넣은 뒤 세 번째 (10)에는 (제곱미터야!)를 입력합니다.

❾ AI의 예측 결과를 알려 주기 위해 〈생김새〉의 [(안녕!)을 (말하기)] 블록과 〈인공지능〉-〈읽어주기〉의 [(엔트리) 읽어주고 기다리기] 블록을 차례대로 연결하고 (안녕!)과 (엔트리) 대신 〈계산〉의 [(10)+(10)] 블록을 2개씩 연결해 각각에 넣어 줍니다. 두 블록 모두 첫 번째 (10)에는 (배추를 약)을 입력하고, 두 번째 (10)에는 〈인공지능〉-〈예측: 숫자 모델〉의 [면적 (10)의 예측값] 블록을 넣은 뒤 세 번째 (10)에는 (톤 생산할 수 있어!)를 입력합니다. [면적 (10)의 예측값] 블록 속 (10)에는 〈계산〉의 [(10)/(10)] 블록을 넣어 왼쪽 (10)에 〈자료〉의 [(넓이)값] 블록을 넣고, 오른쪽 (10)에 (10000)을 입력해 제곱미터로 계산된 면적을 ha(헥타르) 단위로 바꿔 줍니다.

❿ 약간의 딜레이 시간을 주기 위해 〈흐름〉의 [(2)초 기다리기] 블록을 연결하고 (2) 대신 (3)으로 바꿔 줍니다. 그리고 〈인공지능〉-〈예측: 숫자 모델〉의 [모델 차트 창 (닫기)] 블록을 연결합니다.

⑬ 계속해서 코드를 추가합니다.

⑪ 이어서 〈흐름〉의 [만일 (참) 이라면, 아니면] 블록을 연결하고 (참) 속에 〈판단〉의 [(참) 그리고 (참)] 블록을 넣습니다.

⑫ 첫 번째 (참) 속에 다시 〈판단〉의 [(10)<=(10)] 블록을 넣고, 부등호 왼쪽 (10)에 〈계산〉의 [(10)-(10)] 블록을, 부등호 오른쪽 (10)에 〈자료〉의 [(나의 추측값)값] 블록을 넣습니다. 그리고 [(10)-(10)] 블록의 왼쪽 (10)에는 〈인공지능〉-〈예측: 숫자 모델〉의 [면적 (10)의 예측값] 블록을 넣고, 오른쪽 (10)에는 (1000)을 입력합니다. [면적 (10)의 예측값] 속 (10)에는 〈계산〉의 [(10)/(10)] 블록을 넣은 뒤 왼쪽 (10)에 〈자료〉의 [(넓이)값] 블록을 넣고 오른쪽 (10)에 (10000)을 입력합니다.

⑬ 두 번째 (참) 속에 다시 〈판단〉의 [(10)<=(10)] 블록을 넣고, 부등호 왼쪽 (10)에 〈자료〉의 [(나의 추측값)값] 블록을 넣어 줍니다. 부등호 오른쪽 (10)에는 〈계산〉의 [(10)+(10)] 블록을 넣은 뒤 이 블록 속 왼쪽 (10)에 〈인공지능〉-〈예측: 숫자 모델〉의 [면적 (10)의 예측값] 블록을 넣고, 오른쪽 (10)에 (1000)을 입력합니다. [면적 (10)의 예측값] 속 (10)에는 〈계산〉의 [(10)/(10)] 블록을 넣은 뒤 왼쪽 (10)에 〈자료〉의 [(넓이)값] 블록을 넣고 오른쪽 (10)에 (10000)을 입력합니다.

⑭ 조건을 만족할 때, 즉 나의 추측값이 인공지능의 예측과 비슷한 값일 경우에는 〈생김새〉의 [(안녕!)을 (말하기)] 블록을 가져와 연결한 뒤 (안녕!) 대신에 (인공지능이 예측한 값과 비슷해요.)를 입력합니다. 이어서 〈자료〉의 [(점수)에 (10)만큼 더하기] 블록을 연결하고, (10) 대신 (100)을 입력해 줍니다.

⑮ 조건을 만족하지 않을 때, 즉 나의 추측값이 인공지능의 예측과 비슷한 값이 아닌 경우에는 〈생김새〉의 [(안녕!)을 (말하기)] 블록을 가져와 연결한 뒤 (안녕!) 대신에 (인공지능이 예측한 값과 달라요.)를 입력합니다. 이어서 〈자료〉의 [(점수)에 (10)만큼 더하기] 블록을 연결하고, (10) 대신 (-100)을 입력해 줍니다.

⑭ 프로그램이 완성되었다면 [시작하기] 버튼을 눌러서 프로그램을 실행해 봅니다. 가로와 세로의 길이
를 모두 1000m로 입력했을 경우를 생각해 봅시다.

(입력값 예시)
– 가로 : 1000m
– 세로 : 1000m
– 나의 추측값 : 13580톤

⓯ 밭의 면적은 1000000 제곱미터로 계산되어 화면에 나타나고 이를 헥타르 단위를 변환한 값은 100ha입니다. (1헥타르=10000제곱미터)

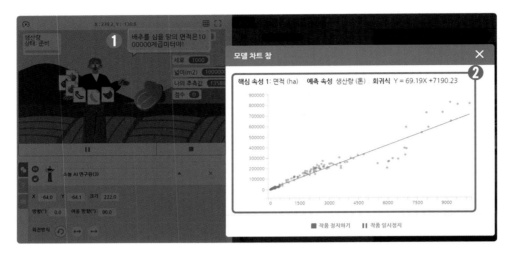

⓰ 100ha에 생산될 배추량의 예측값은 약 14109톤으로 나오며 그래프를 통해서도 면적에 따른 대략적인 생산량 예측값을 확인할 수 있습니다. (예시에서는 95ha에 생산될 배추량을 10341톤으로 예측하고 있습니다.)

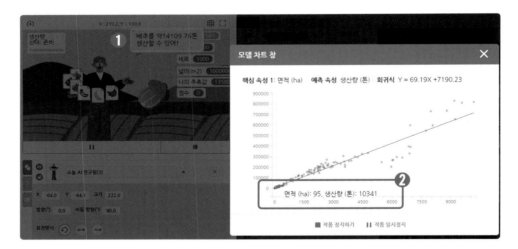

TiP

프로그램이 잘 실행되지 않는다면
완성 작품의 코드를
다시 한번 살펴보세요.

http://naver.me/GsTS05cE

AI 예측가

　인공지능 기술이 점점 발전하면서 사람이 의사결정을 할 때 인공지능이 예측해 알려준 정보를 참고하는 사례가 늘어나고 있습니다. 예를 들어 5~15분 뒤에 일어날 도로 상황을 예측해 시각적으로 보여 주는 학습 모델이 개발되어 "차량이 가다 서다를 반복하고 있습니다."라는 익숙한 교통 안내가 "5분 뒤 시속 40km/h로 이동 가능합니다."처럼 구체적으로 바뀔 전망이라고 합니다. 이렇게 교통 안내가 된다면 목적지까지 언제쯤 도착할 수 있을지 쉽게 판단할 수 있게 됩니다. 또 다른 예로, 도로 상황에서 인공지능 시스템은 운전자에게 보행자 중 누가 언제 넘어질지, 자율주행 차량에서 언제 사고가 발생할지를 예측하여 알려 줌으로써 안전사고를 예방할 수 있도록 돕는다고 합니다.

　어디 이뿐일까요? 여러분이 직접 만들어 본 배추 생산량 예측 AI는 대략적인 생산량을 예측해 주기 때문에 이를 통해 수익을 얼마나 올릴 수 있을지 가늠해 볼 수 있고, 생각보다 많은 양이 생산되는 경우 재배 면적을 얼마나 줄일 것인지 등과 관련된 의사결정 상황에서 활용할 수 있습니다. 또한, 인공지능 시스템으로 건축물 공사 현장이나 노후 건축물, 발전 플랜트 같은 시설물의 위험 요소를 사전에 파악하고 관리함으로써 인명 피해나 재산상의 피해를 막을 수도 있고, 기상 예측, 재난 상황 예측에서도 인공지능의 기술을 활용할 수 있지요. 이렇게 인간의 삶에 많은 도움이 되는 인공지능 예측 시스템을 여러분도 만들어 보면 어떨까요? 엔트리와 함께 쉽고 재미있게 인공지능 프로그램을 만들어 보도록 하세요!

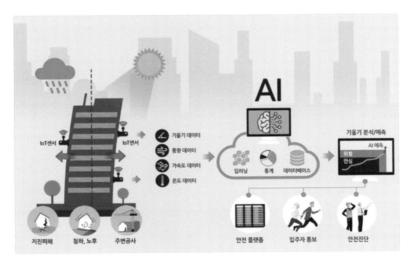

이미지 출처　https://www.ancnews.kr/news/articleView.html?idxno=10376

Section 11

미술 게임

고흐가 될래요!

엔트리의 인공지능 모델 학습하기를 활용해 원하는 색깔을 입력했을 때 해당
색깔의 분위기로 예술 작품을 바꿔 주는 AI 미술 게임 프로그램을 만들어요.

수업 길잡이 ··········

난이도 ★★★☆☆
소요시간 20분 이상
학습영역 데이터와 기계
학습
준비물 PC 또는 노트북,
사이트 주소 알기
(https://playentry.org/)

AI 프로그래밍을 준비해요!

활동 목표

엔트리의 모델 학습을 이해하고 AI 미술 게임
프로그램 만들기

활동 약속

데이터 스스로 수집하기

관련 교과를 확인해요!

관련 교과 및 단원

• 6학년 〉 2학기 〉 실과 〉 4. 소프트웨어와 생
 활 〉 03. 프로그래밍 요소와 구조
• 5학년 〉 공통학기 〉 미술 〉 금성/김정선 〉 2.
 어떻게 다른가요 〉 5. 미래를 여는 아이디어
 발상

이 게임은

이 활동은 엔트리의 인공지능 모델 학습하기를 활용해 원하는 색깔을 학습시켜 머신러닝 모델을 완
성하고 AI 미술 게임 프로그램을 만드는 활동입니다. 인공지능이 학습을 통해 색깔을 구분할 수 있음
을 알고 이를 활용해 우리 생활에 도움을 주는 프로그램을 만들어 봅니다.

❶ 〈인공지능〉 카테고리를 클릭한 후 [인공지능 모델 학습하기] 버튼을 누릅니다.

❷ 분류: 이미지, 분류: 텍스트, 분류: 음성, 분류: 숫자, 예측: 숫자, 군집: 숫자 데이터 중 〈분류: 이미지〉를 선택합니다.

❸ 〈분류: 이미지〉 데이터를 활용한 머신러닝 모델을 만들어 봅니다.

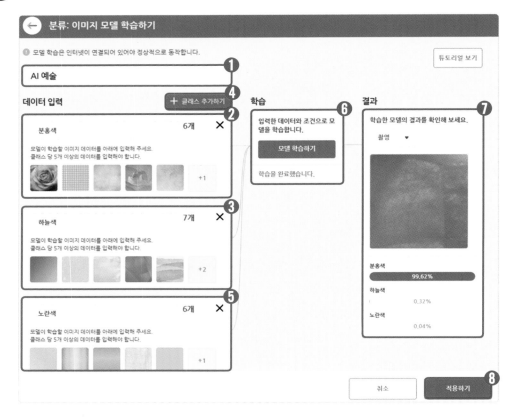

❶ 머신러닝 모델의 이름은 〈AI 예술〉로 정합니다. 여러분이 원하는 이름을 붙여도 좋습니다.

❷ 데이터 입력 아래 클래스 1에는 〈분홍색〉이라 이름을 입력하고, 분홍색과 관련된 이미지 데이터를 입력합니다. 직접 찾아서 저장해 둔 이미지나 영진닷컴 홈페이지(https://www.youngjin.com/reader/pds/pds.asp)에서 다운로드한 이미지, 또는 카메라로 바로 촬영한 이미지를 활용해도 좋습니다.

❸ 클래스 2에는 〈하늘색〉이라 이름을 입력하고 하늘색과 관련된 이미지 데이터를 입력합니다.

❹ [+클래스 추가하기] 버튼을 눌러 클래스를 하나 더 추가합니다.

❺ 클래스 3에는 〈노란색〉이라 이름을 입력하고 노란색과 관련된 이미지 데이터를 입력합니다.

❻ 데이터 입력이 모두 완료되면 [모델 학습하기] 버튼을 누릅니다. 학습이 완료되면 "학습을 완료했습니다."라는 메시지가 보입니다.

❼ 학습을 잘했는지 확인하기 위해 결과에 분홍색이나 하늘색 또는 노란색 이미지 데이터를 업로드합니다. 예를 들어 분홍색 수건을 카메라에 비추어 촬영하면 99.62% 분홍색으로 판단하고 있음을 알 수 있습니다. (결과값이 책에 있는 수치와 조금 다르게 나타나도 괜찮습니다. 단, 결과가 다른 클래스로 나타날 경우에는 머신러닝 모델에 데이터를 더 많이 학습시키거나 결과에 다른 이미지를 사용해서 진행합니다.)

❽ 제대로 학습하였으므로 [적용하기] 버튼을 눌러 줍니다.

④ 기본 오브젝트인 '엔트리봇'은 삭제하고, 오브젝트 추가하기를 눌러 파일 올리기 탭에서 원본과 각 색깔대로 변환된 작품 이미지 데이터를 모두 업로드합니다. 오브젝트 이미지 파일은 영진닷컴 홈페이지에서 다운로드할 수 있습니다.

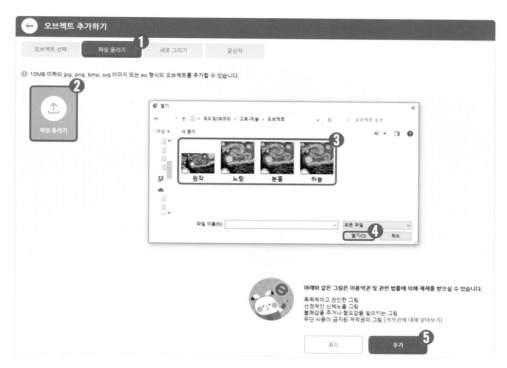

⑤ 추가한 오브젝트의 크기를 조절하고 각 오브젝트의 순서를 정렬합니다.

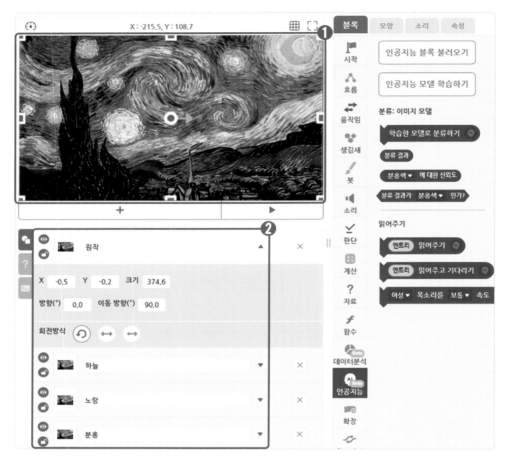

❶ 추가한 오브젝트의 크기를 모두 실행 화면 크기에 맞게 조절합니다.

❷ 오브젝트 목록에서 '원작' 오브젝트를 제일 위로, 나머지 색깔대로 변환된 각 작품 오브젝트는 원하는 순서대로 오게 정리합니다.

❻ '원작' 오브젝트를 선택한 상태에서 다음과 같이 코드를 작성합니다.

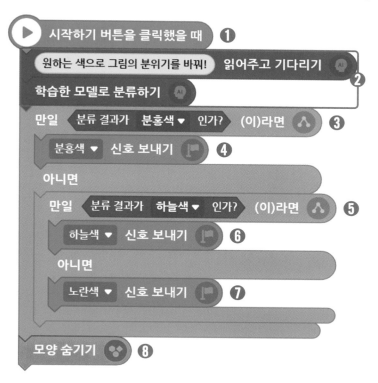

❶ 〈시작〉의 [시작하기 버튼을 클릭했을 때] 블록을 가져옵니다.

❷ 〈인공지능〉의 [인공지능 블록 불러오기]에서 〈읽어주기〉를 추가한 뒤 〈인공지능〉-〈읽어주기〉의 [(엔트리) 읽어주고 기다리기] 블록을 연결하고, (엔트리) 대신에 (원하는 색으로 그림의 분위기를 바꿔!)를 입력합니다. 그리고 학습한 모델로 데이터를 분류할 수 있도록 〈인공지능〉-〈분류: 이미지 모델〉의 [학습한 모델로 분류하기] 블록을 연결합니다.

❸ 〈흐름〉의 [만일 (참)이라면, 아니면] 블록을 연결합니다. 속성 탭에서 "하늘색", "노란색", "분홍색" 신호를 추가한 뒤 (참) 속에 〈인공지능〉-〈분류: 이미지 모델〉의 [분류 결과가 (분홍색)인가?] 블록을 넣습니다.

❹ 조건을 만족할 때 분홍색으로 바뀐 작품 오브젝트가 나타날 수 있도록 〈시작〉의 [(분홍색) 신호 보내기] 블록을 넣어 줍니다.

❺ 조건을 만족하지 않는 경우 아니면 아래에 다시 〈흐름〉의 [만일 (참)이라면, 아니면] 블록을 가져와 넣고, (참) 속에 〈인공지능〉-〈분류: 이미지 모델〉의 [분류 결과가 (하늘색)인가?] 블록을 넣습니다.

❻ 조건을 만족할 때 하늘색으로 바뀐 작품 오브젝트가 나타날 수 있도록 〈시작〉의 [(하늘색) 신호 보내기] 블록을 넣어 줍니다.

❼ 분홍색, 하늘색이 모두 아닐 때 노란색으로 바뀐 작품 오브젝트가 나타날 수 있도록 〈시작〉의 [(노란색) 신호 보내기] 블록을 아니면 아래에 넣어 줍니다.

❽ 분류 결과에 따라 각각의 색깔로 바뀐 작품이 실행 화면에 보이도록 '원작' 오브젝트를 숨기기 위해 〈생김새〉의 [모양 숨기기] 블록을 조건 블록 바깥에 연결합니다.

7 '하늘' 작품 오브젝트를 선택한 뒤 〈시작〉의 [(하늘색) 신호를 받았을 때] 블록을 가져오고, 〈생김새〉의 [(맨 앞으로) 보내기] 블록을 연결해 줍니다.

8 '노랑' 작품 오브젝트를 선택한 뒤 〈시작〉의 [(노란색) 신호를 받았을 때] 블록을 가져오고, 〈생김새〉의 [(맨 앞으로) 보내기] 블록을 연결해 줍니다.

9 '분홍' 작품 오브젝트를 선택한 뒤 〈시작〉의 [(분홍색) 신호를 받았을 때] 블록을 가져오고, 〈생김새〉의 [(맨 앞으로) 보내기] 블록을 연결해 줍니다.

⑩ 프로그램이 완성되었다면 [시작하기] 버튼을 눌러서 프로그램을 실행해 봅니다. 원하는 색깔대로 작품의 분위기가 바뀌는 것을 확인할 수 있습니다.

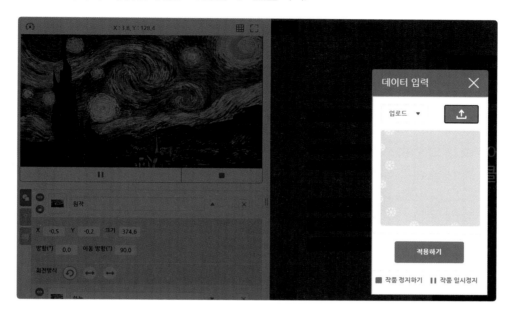

프로그램이 잘 실행되지 않는다면
완성 작품의 코드를
다시 한번 살펴보세요.

http://naver.me/FLB6EUsZ

AI가 그린 그림, 예술일까?

인공지능 기술이 날로 발전함에 따라 예전에는 인간만이 할 수 있을 것이라 여겨졌던 영역에서도 인공지능의 활약이 두드러지고 있습니다. 대표적인 예가 바로 예술 영역에서의 인공지능의 눈부신 발전입니다. 인공지능이 그림을 그리고, 시를 쓰며 작곡까지도 해내는 것이지요. 이른바 AI 화가라 불리는 인공지능 시스템이 그린 작품이 고가에 팔리기도 하고, AI 시인의 작품이 문학상 후보에 오르기도 합니다. 심지어 AI가 만들어 낸 작품으로 전시회까지 열린다고 하니 이미 예술계에 미치는 인공지능의 영향력이 적지 않음을 알 수 있습니다.

그렇다면 AI 화가가 그린 작품을 '창조적인 작품'이라고 볼 수 있을까요? 예를 들어 구글이 만든 AI 화가인 '딥드림'의 작품은 특정 이미지를 입력하면 반 고흐, 르누아르 등 유명 화가의 화풍이 적용된 이미지로 바꿔 줍니다. 이렇게 탄생한 작품을 순수한 창작 작품이라고 볼 수 있을지, 이 그림의 저작권은 인공지능에게 있는 것인지, 이런 인공지능을 만든 사람에게 있는 것인지 등 여러 가지 면에서 생각해 볼 거리가 많이 있습니다. 여러분의 생각은 어떤가요? 인공지능이 만든 작품도 예술로서 가치가 있다고 생각하나요? 만일 여러분이 만든 미술 AI 프로그램으로 탄생한 작품을 누군가에게 판다면 그 수익을 누가 가져야 할까요? 곰곰이 생각해 보고 친구들과 이야기를 나눠 보세요.

이미지 출처 https://biz.chosun.com/site/data/html_dir/2017/05/04/2017050400772.html
딥드림이 그린 고흐 화풍의 광화문 광장

수학 게임

어느 그룹에 속할까?

데이터를 기반으로 입력된 값을 분석해 핸드폰을 사용하는 정도를 세 부분으로 그룹화하는 기능을 활용한 AI 수학 게임 프로그램을 만들어요.

수업 길잡이 ··········

난이도 ★★★★★
소요시간 30분 이상
학습영역 데이터와 기계학습
준비물 PC 또는 노트북, 사이트 주소 알기
(https://playentry.org/)

AI 프로그래밍을 준비해요!

활동 목표

엔트리의 군집 모델을 이해하고 AI 수학 게임 프로그램 만들기

활동 약속

데이터를 기반으로 AI가 어떻게 그룹화하는지 생각해 보기

관련 교과를 확인해요!

관련 교과 및 단원

• 6학년 〉 2학기 〉 실과 〉 4. 소프트웨어와 생활 〉 03. 프로그래밍 요소와 구조
• 5학년 〉 2학기 〉 수학 〉 국정 〉 6. 평균과 가능성

이 게임은
머신러닝
(비지도학습/군집)

이 활동은 데이터를 기반으로 한 엔트리의 인공지능 비지도 학습하기를 활용해 입력된 데이터의 값이 몇 개의 그룹 중 어디에 속하는지 판단하는 AI 수학 게임 프로그램입니다. 인공지능이 데이터의 특징과 패턴을 스스로 찾아 몇 개의 그룹으로 분류할 수 있음을 활용해 우리 생활에 도움을 주는 프로그램을 만들어 봅니다.

1 〈데이터 분석〉 카테고리를 클릭한 후 [테이블 불러오기] 버튼을 누릅니다.

2 [테이블 추가하기]를 클릭합니다.

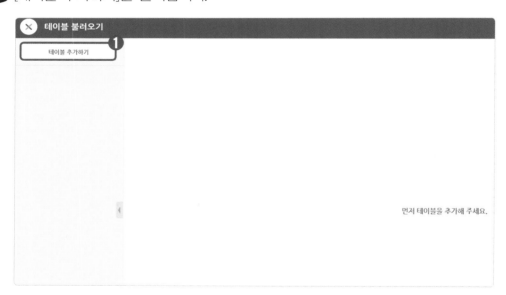

❸ 테이블 선택, 파일 올리기, 새로 만들기 중에서 〈테이블 선택〉을 클릭한 뒤 〈일평균 스마트폰 이용 횟수〉를 선택하여 추가합니다.

❹ 추가된 테이블을 화면에서 확인할 수 있습니다. [저장하기] 버튼을 누릅니다.

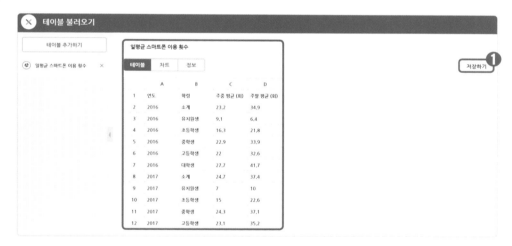

⑤ 〈데이터 분석〉 카테고리에 추가한 테이블과 관련된 블록이 만들어진 것을 확인할 수 있습니다.

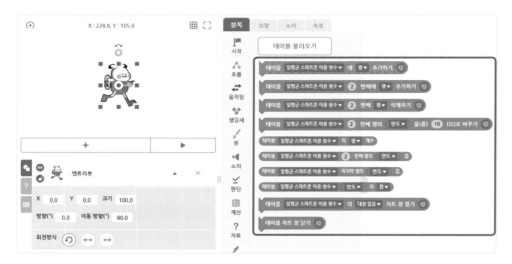

⑥ 〈인공지능〉 카테고리를 클릭한 후 [인공지능 모델 학습하기] 버튼을 누릅니다.

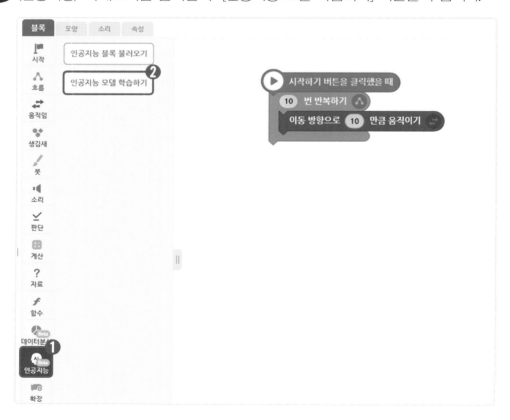

❼ 분류: 이미지, 분류: 텍스트, 분류: 음성, 분류: 숫자, 예측: 숫자, 군집: 숫자 데이터 중 〈군집: 숫자〉를
선택합니다.

❽ 모델의 이름을 "핸드폰 사용량"으로 입력하고, 추가한 테이블의 데이터인 "일평균 스마트폰 이용 횟
수"를 선택합니다. (연도), (주중 평균), (주말 평균) 총 3개의 속성이 보입니다.

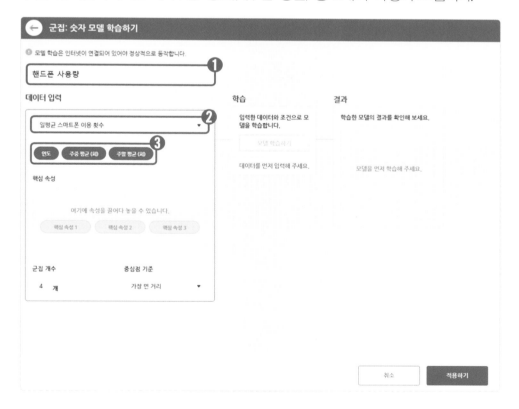

❾ 3개의 속성 중 스마트폰 사용 횟수에 따른 그룹화에 필요한 (주중 평균)과 (주말 평균)을 핵심 속성으로 선택해 끌어옵니다. 그리고 '몇 개의 그룹으로 나눌 것인지'를 의미하는 군집의 개수는 3개로 결정하고, 중심점의 기준을 가장 먼 거리로 정한 뒤 [모델 학습하기] 버튼을 클릭합니다. 학습한 모델의 결과를 그래프로 확인할 수 있습니다. 모델 만들기를 완료했다면 [적용하기]를 클릭합니다. (결과가 책과 다르게 나타날 수 있습니다. 프로그램을 실행할 때에는 각자의 학습 모델 결과 수치를 참고해서 진행합니다.)

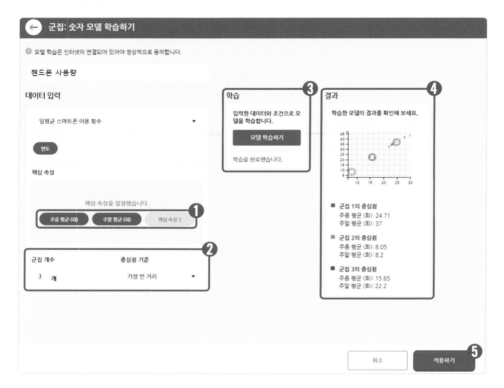

⑩ 기본 오브젝트인 '엔트리봇'을 삭제하고 오브젝트 추가하기에서 '스마트폰' 오브젝트를 추가합니다.

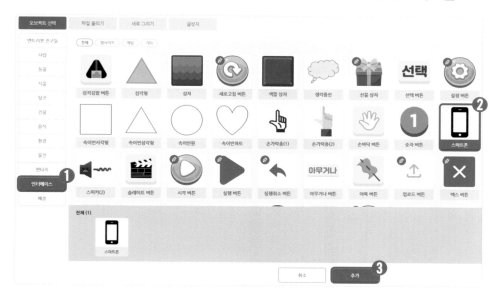

⑪ '소놀 노트북을 하고 있는 사람(3)' 오브젝트를 추가한 뒤 속성 탭에서 [변수]를 선택한 상태에서 [변수 추가하기]를 클릭해 "월", "화", "수", "목", "금", "토", "일", "주중", "주말", "자가 진단" 총 10개의 변수를 추가합니다.

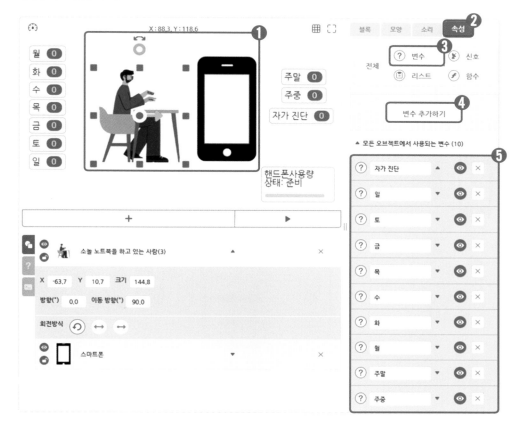

⑫ 장면1의 이름을 〈주중〉으로 바꾼 뒤 마우스 커서를 가져가 오른쪽 버튼을 누르면 장면1을 복제할 수 있습니다.

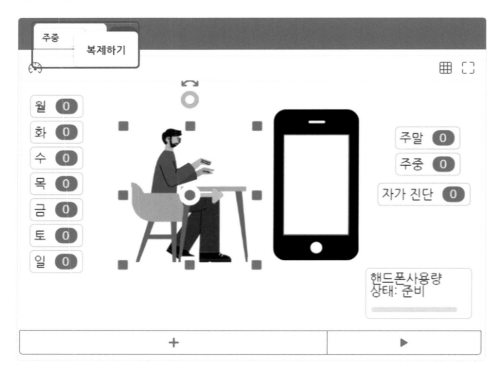

⑬ 복제된 장면2의 이름을 〈주말〉로 바꾼 뒤 '소놀 노트북을 하고 있는 사람' 오브젝트를 선택한 상태에서 모양 탭을 누릅니다. 그림판이 나오면 채우기 색을 오렌지 색 등으로 정해 의자와 테이블 색을 바꿔 줍니다. 원하는 색으로 해도 좋습니다. 색을 바꾸었다면 [저장하기] 버튼을 누릅니다.

⓮ 장면1인 〈주중〉의 '소놀 노트북을 하고 있는 사람' 오브젝트를 선택한 상태에서 다음과 같이 코드를 작성합니다.

❶ 〈시작〉의 [시작하기 버튼을 클릭했을 때] 블록을 가져옵니다.

❷ 〈자료〉의 [(안녕!)을 묻고 대답 기다리기] 블록을 가져와 연결하고 (안녕!) 대신 (월요일에 핸드폰을 몇 번 사용했니?)를 입력합니다. 그리고 그 대답값을 변수에 저장하기 위해 〈자료〉의 [(월)을 (10)으로 정하기] 블록을 연결한 뒤 (10) 대신 〈자료〉의 [대답] 블록을 넣습니다.

❸ ❷에서 만든 블록을 복사하여 연결한 뒤 다른 부분만 수정합니다. (월요일에 핸드폰을 몇 번 사용했니?) 대신 (화요일에 핸드폰을 몇 번 사용했니?)를 입력하고 (월)을 (화)로 바꿉니다.

❹ ❸에서 만든 블록을 복사하여 연결한 뒤 다른 부분만 수정합니다. (화요일에 핸드폰을 몇 번 사용했니?) 대신 (수요일에 핸드폰을 몇 번 사용했니?)를 입력하고 (화)를 (수)로 바꿉니다.

❺ ❹에서 만든 블록을 복사하여 연결한 뒤 다른 부분만 수정합니다. (수요일에 핸드폰을 몇 번 사용했니?) 대신 (목요일에 핸드폰을 몇 번 사용했니?)를 입력하고 (수)를 (목)으로 바꿉니다.

❻ ❺에서 만든 블록을 복사하여 연결한 뒤 다른 부분만 수정합니다. (목요일에 핸드폰을 몇 번 사용했니?) 대신 (금요일에 핸드폰을 몇 번 사용했니?)를 입력하고 (목)을 (금)으로 바꿉니다.

❼ 월~금요일까지의 핸드폰 사용 횟수의 평균을 구하기 위해 〈자료〉의 [(주중)를 (10)으로 정하기] 블록을 연결하고, (10) 대신 〈계산〉의 [(10)/(10)] 블록을 넣습니다. 왼쪽 (10)에 〈계산〉의 [(10)+(10)] 블록을 4개 가져와 연결한 뒤, 각 (10)에 〈자료〉의 [(월)값], [(화)값], [(수)값], [(목)값], [(금)값] 블록을 넣습니다. 그리고 오른쪽 (10)에 (5)를 입력합니다.

❽ 〈생김새〉의 [(안녕!)을 (4)초 동안 (말하기)] 블록을 가져와 연결하고, (안녕!) 대신에 〈계산〉의 [(10)+(10)] 블록을 2개 가져와 연결합니다. 첫 번째 (10)에는 (주중 평균 사용 횟수는)을 입력하고, 두 번째 (10)에는 〈자료〉의 [(주중)값] 블록을 넣은 뒤 세 번째 (10)에는 (야)를 입력합니다. 그리고 〈시작〉의 [(다음) 장면 시작하기]를 연결해 다음 장면으로 넘어가게 합니다.

⑮ 장면2인 〈주말〉의 '소놀 노트북을 하고 있는 사람' 오브젝트를 선택한 상태에서 다음과 같이 코드를 작성합니다.

❶ 〈시작〉의 [장면이 시작되었을 때] 블록을 가져옵니다.

❷ 〈자료〉의 [(안녕!)을 묻고 대답 기다리기] 블록을 가져와 연결하고 (안녕!) 대신에 (토요일에 핸드폰을 몇 번 사용했니?)를 입력합니다. 그리고 그 대답값을 변수에 저장하기 위해 〈자료〉의 [(토)를 (10)으로 정하기] 블록을 연결한 뒤 (10) 대신 〈자료〉의 [대답] 블록을 넣습니다.

❸ 〈자료〉의 [(안녕!)을 묻고 대답 기다리기] 블록을 가져와 연결하고 (안녕!) 대신에 (일요일에 핸드폰을 몇 번 사용했니?)를 입력합니다. 그리고 그 대답값을 변수에 저장하기 위해 〈자료〉의 [(일)를 (10)으로 정하기] 블록을 연결한 뒤 (10) 대신 〈자료〉의 [대답] 블록을 넣습니다.

❹ 토~일요일까지의 핸드폰 사용 횟수의 평균을 구하기 위해 〈자료〉의 [(주말)를 (10)으로 정하기] 블록을 연결하고, (10) 대신에 〈계산〉의 [(10)/(10)]을 넣습니다. 왼쪽 (10)에는 〈계산〉의 [(10)+(10)] 블록을 가져와 각 (10)에 〈자료〉의 [(토)값]과 [(일)값] 블록을 넣습니다. 그리고 오른쪽 (10)에는 (2)를 입력합니다.

❺ 〈자료〉의 [(안녕!)을 묻고 대답 기다리기] 블록을 가져와 연결하고 (안녕!) 대신에 (너 스스로 핸드폰을 많이 사용한다고 생각해? (1=그렇다, 2=아니다, 3=보통이다))를 입력합니다. 그리고 그 대답값을 변수에 저장하기 위해 〈자료〉의 [(자가 진단)를 (10)으로 정하기] 블록을 연결한 뒤 (10) 대신 〈자료〉의 [대답] 블록을 넣습니다.

❻ 〈생김새〉의 [(안녕!)을 (4)초 동안 (말하기)] 블록을 2개 가져와 연결합니다. 첫 번째 (안녕!) 대신에 〈계산〉의 [(10)+(10)] 블록 2개를 연결해 넣어 줍니다. 첫 번째 (10)에는 (주말 평균 사용 횟수는)을 입력하고 두 번째 (10)에는 〈자료〉의 [(주말)값] 블록을 넣은 뒤 세 번째 (10)에는 (야)를 입력합니다. 두 번째 (안녕!) 대신에 〈계산〉의 [(10)+(10)] 블록 2개를 연결해 넣어 줍니다. 첫 번째 (10)에는 (너의 핸드폰 사용 횟수는 그룹)을 입력하고, 두 번째 (10)에는 〈인공지능〉-〈군집: 숫자 모델〉의 [주중 평균 (10) 주말 평균 (10)의 군집] 블록을 넣은 뒤 각 (10)에 〈자료〉의 [(주중)값]과 [(주말)값] 블록을 넣습니다. 세 번째 (10)에는 (에 속해)를 입력합니다.

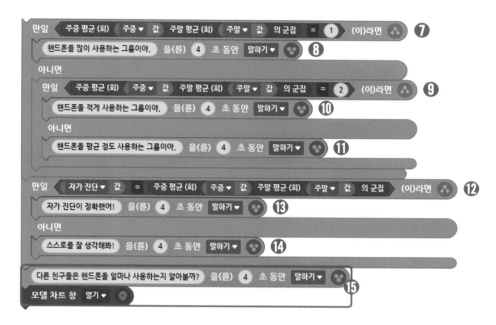

⓯ 계속해서 코드를 작성합니다.

⓰ 〈흐름〉의 [만일 (참)이라면, 아니면] 블록을 연결하고, (참) 속에 〈판단〉의 [(10)=(10)] 블록을 넣습니다. 왼쪽 (10)에는 〈인공지능〉-〈군집: 숫자 모델〉의 [주중 평균 (10) 주말 평균 (10)의 군집] 블록을 넣은 뒤 각 (10)에 〈자료〉의 [(주중)값]과 [(주말)값] 블록을 넣습니다. 오른쪽 (10)에는 (1)을 입력합니다.

⓱ 조건을 만족한다면, 즉 군집의 값이 1이라면 핸드폰을 많이 사용하는 그룹이므로 〈생김새〉의 [(안녕!)을 (4)초 동안 (말하기)] 블록을 연결하고 (안녕!) 대신에 (핸드폰을 많이 사용하는 그룹이야.)를 입력합니다.

⓲ 아니면 아래에 다시 〈흐름〉의 [만일 (참)이라면, 아니면] 블록을 가져와 연결하고, (참) 속에 〈판단〉의 [(10)=(10)] 블록을 넣습니다. 왼쪽 (10)에는 〈인공지능〉-〈군집: 숫자 모델〉의 [주중 평균 (10) 주말 평균 (10)의 군집] 블록을 넣은 뒤 각 (10)에 〈자료〉의 [(주중)값]과 [(주말)값] 블록을 넣습니다. 오른쪽 (10)에는 (2)를 입력합니다.

⓳ 조건을 만족한다면, 즉 군집의 값이 2라면 핸드폰을 적게 사용하는 그룹이므로 〈생김새〉의 [(안녕!)을 (4)초 동안 (말하기)] 블록을 연결하고 (안녕!) 대신에 (핸드폰을 적게 사용하는 그룹이야.)를 입력합니다.

⓴ 두 조건을 모두 만족하지 않는 경우, 즉 핸드폰을 많이도 적게도 사용하지 않는 그룹이므로 아니면 아래에 〈생김새〉의 [(안녕!)을 (4)초 동안 말하기] 블록을 연결하고 (안녕!) 대신 (핸드폰을 평균 정도 사용하는 그룹이야.)를 입력합니다.

⓬ 조건 블록 바깥에 다시 〈흐름〉의 [만일 (참)이라면, 아니면] 블록을 연결하고, (참) 속에 〈판단〉의 [(10)=(10)] 블록을 넣습니다. 왼쪽 (10)에는 〈자료〉의 [(자가 진단)값]을, 오른쪽 (10)에는 〈인공지능〉-〈군집: 숫자 모델〉의 [주중 평균 (10) 주말 평균 (10)의 군집] 블록을 넣은 뒤 각 (10)에 〈자료〉의 [(주중)값]과 [(주말)값] 블록을 넣습니다.

⓭ 조건을 만족하는 경우, 즉 자가 진단한 값과 인공지능이 판단해 그룹화한 값이 같은 경우이므로 〈생김새〉의 [(안녕!)을 (4)초 동안 (말하기)] 블록을 연결하고 (안녕!) 대신에 (자가 진단이 정확했어!)를 입력합니다.

⓮ 조건을 만족하지 않는 경우, 즉 자가 진단한 값과 인공지능이 판단해 그룹화한 값이 다른 경우이므로 아니면 아래에 〈생김새〉의 [(안녕!)을 (4)초 동안 (말하기)] 블록을 넣고 (안녕!) 대신 (스스로를 잘 생각해봐!)를 입력합니다.

⓯ 그래프를 보면서 자신과 다른 친구들은 어떤 그룹에 속하는지 확인하기 위해 〈생김새〉의 [(안녕!)을 (4)초 동안 (말하기)] 블록을 연결하고 (안녕!) 대신에 (다른 친구들은 핸드폰을 얼마나 사용하는지 알아볼까?)를 입력합니다. 그리고 〈인공지능〉–〈군집: 숫자 모델〉의 [모델 차트 창 (열기)] 블록을 연결합니다.

⓱ 프로그램이 완성되었다면 [시작하기] 버튼을 눌러서 프로그램을 실행해 봅니다. 주중 평균, 주말 평균을 알려 주고 핸드폰 사용 횟수에 따라 어떤 그룹에 속하는지를 알려 줍니다. 또한 자가 진단이 정확했는지, 정확하지 않는지도 알려 주고 그래프를 통해 각 그룹이 속한 지점을 보여 줍니다.

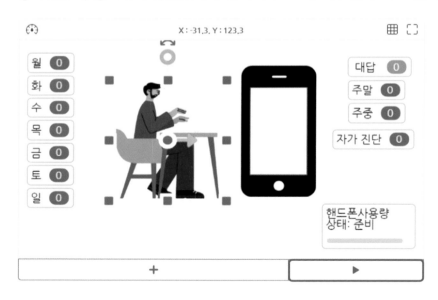

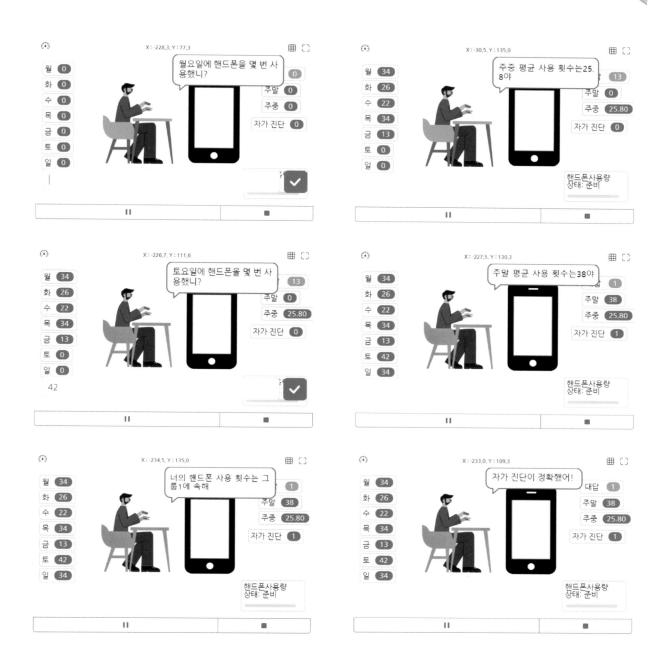

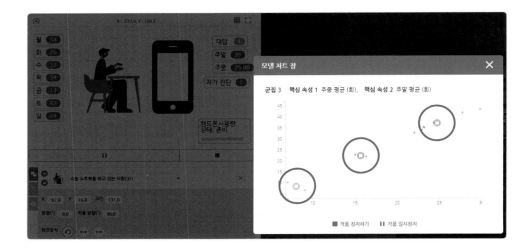

TiP

프로그램이 잘 실행되지 않는다면
완성 작품의 코드를
다시 한번 살펴보세요.

http://naver.me/GNyAbC8c

클러스터링(군집화)이란?

    클러스터링(군집화)은 개체들이 주어졌을 때, 개체들을 몇 개의 클러스터(부분 그룹)로 나누는 과정을 의미합니다. 이렇게 개체들을 그룹으로 나누는 과정을 통해서, 클러스터 내부 멤버들 사이는 서로 가깝거나 비슷하게, 서로 다른 두 클러스터 사이의 멤버 간에는 서로 멀거나 비슷하지 않게 하는 것이 클러스터링의 목표라고 할 수 있지요. 용어가 다소 어렵게 느껴지나요? 쉽게 생각해 보기 위해 앞의 프로그래밍 활동에서 만약 100명의 사람이 있다고 가정해 봅시다. 100명의 사람 중 어떤 사람은 주중이든 주말이든 핸드폰을 자주, 많이 사용할 것이고, 어떤 사람은 적게 사용할 것입니다. 적당히 사용하는 사람도 있겠지요. 이때 사람들의 데이터를 분석해 평균적으로 핸드폰을 많이 사용하는 그룹, 핸드폰을 적게 사용하는 그룹, 핸드폰을 적당히 사용하는 그룹으로 나눠볼 수 있을 겁니다. 그리고 새로운 사람의 핸드폰 사용 횟수를 분석해 어느 그룹에 가까운지 판단해 볼 수 있겠지요.

    이런 그룹화 과정이 왜 중요한 것일까요? 예를 들어 코로나19 상황에서 각 개인의 여러 가지 데이터를 분석해 코로나19에 걸릴 확률이 높은 그룹과 낮은 그룹으로 분류할 수 있다면 확률이 높은 그룹에 더욱 집중해 방역 수칙을 강화할 수 있을 겁니다. 또한 본 활동에서 만든 프로그램을 활용해 핸드폰을 많이 사용하는 그룹을 대상으로 중독 예방을 위한 다양한 방법을 제시하며 도움을 줄 수도 있습니다. 이렇게 인공지능의 발전은 보다 정확한 예측과 판단으로 우리의 안전을 지키고 편리한 생활을 영위할 수 있도록 도와준답니다.

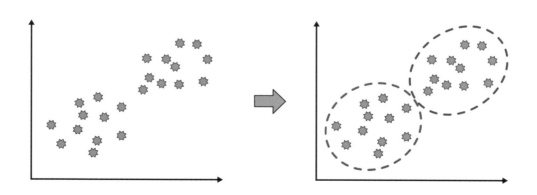

MEMO

✿ 교과융합 엔트리로 쉽게 배우는 인공지능 ✿

인공지능,
게임을 만나다

1판 1쇄 발행   2021년 04월 26일

저　　자 | 홍지연
발 행 인 | 김길수
발 행 처 | ㈜영진닷컴
주　　소 | (우)08507 서울 금천구 가산디지털1로 128
　　　　　　 STX-V타워 4층 401호
등　　록 | 2007. 4. 27. 제16-4189호

©2021. ㈜영진닷컴

ISBN | 978-89-314-6426-9

YoungJin.com **Y.**
영진닷컴

영진닷컴 SW 교육

영진닷컴은 초·중학생들이 SW 교육을 쉽게 배울 수 있도록 언플러그드, EPL, 피지컬 컴퓨팅 등 다양한 도서를 구성하고 있습니다. 단계별 따라하기 방식으로 재미있게 설명하고, 교재로 활용할 수 있도록 강의안과 동영상을 제공합니다.

인공지능, 언플러그드를 만나다
홍지연 저 | 202쪽
16,000원

인공지능, 스크래치를 만나다
홍지연 저 | 152쪽
14,000원

인공지능, 엔트리를 만나다
홍지연 저 | 184쪽
16,000원

언플러그드 놀이 코딩 보드게임
홍지연, 홍장우 공저 | 172쪽
15,000원

스크래치야! 과학이랑 놀자 3.0
김미의, 김현정, 이미향 공저
200쪽 | 12,000원

코딩프렌즈와 함께 하는 스크래치 게임 챌린지
지란지교에듀랩, 이휘동 저
200쪽 | 13,000원

코딩프렌즈와 함께 하는 엔트리 게임 챌린지
지란지교에듀랩 저 | 216쪽
13,000원

언플러그드 놀이 교과 보드게임
홍지연, 홍장우 공저 | 194쪽
15,000원

즐거운 메이커 놀이 활동 언플러그드
홍지연 저 | 112쪽 | 12,000원

즐거운 메이커 놀이 활동 마이크로비트
홍지연 저 | 112쪽 | 12,000원

아두이노, 상상을 현실로 만드는 프로젝트 입문편
이준혁, 최재규 공저 | 296쪽
18,000원

마이크로비트, 상상을 현실로 만드는 프로젝트 입문편
이준혁 저 | 304쪽 | 18,000원